François Truffaut
Suzanne Schiffman

Le Dernier Métro

Scénario

Dialogues : François Truffaut, Suzanne Schiffman,
Jean-Claude Grumberg

<u>Petite bibliothèque</u>
des Cahiers du cinéma

Cette édition du scénario du *Dernier Métro* a été établie par Carole Le Berre, à partir des archives du fonds François Truffaut, regroupées dans les collections de la Bibliothèque du Film (BIFI).

Les archives du *Dernier Métro* comportent un grand nombre de documents se rapportant aux différentes étapes de l'élaboration et de la fabrication du film :

- documentation sur la période de l'Occupation (extraits d'ouvrages, périodiques, partitions musicales d'époque),

- éléments liés à la production, au financement (correspondance administrative), à l'élaboration du scénario (synopsis, traitements, découpages, scénarios de tournage), au tournage (dépouillement, plan de travail, feuilles de service, rapports divers), jusqu'à la sortie du film (campagne publicitaire), sa distribution et sa réception (relevés d'exploitation, coupures de presse française et étrangère).

Introduction

par Carole Le Berre

Que publier lorsque l'on choisit aujourd'hui d'éditer un scénario de François Truffaut ? S'il paraît d'abord évident de partir de la dernière version établie avant le tournage et utilisée pour celui-ci, on découvre un document de travail inachevé et mouvant, abondamment annoté par Truffaut, noirci de dialogues nouveaux ou reformulés, d'indications de coupes ou d'inversions de scènes, en somme un texte laissé volontairement ouvert par un cinéaste conscient que l'énergie et la concentration du tournage peuvent lui apporter certaines de ses meilleures trouvailles (tout l'épilogue en forme de jeu avec le spectateur sera ainsi écrit au dernier moment).

Le publier tel quel reviendrait donc à se priver d'une grande partie de la musique des dialogues, à se priver aussi des nombreux choix, déplacements, récritures, ajouts petits et grands (un exemple parmi cent, la belle scène d'amour entre Lucas et Marion où il lui rappelle leur aventure dans le grand ascenseur des Galeries Barbès) effectués par le cinéaste au fil du tournage, puis lors du montage, et qui dépassent très largement les modifications de détail. Le scénario chez Truffaut est en perpétuelle recomposition, comme si le travail d'écriture ne s'arrêtait en réalité qu'avec le dernier jour du montage.

Inversement, publier un texte qui « collerait » au plus près du film terminé (comme Truffaut lui-même, somme toute, l'avait fait avec *La Nuit américaine*) ne paraissait pas non plus la meilleure des solutions : d'une part, un pareil texte existe déjà *Le Dernier Métro* (dans le découpage de *l'Avant-scène*) mais sur tout cela reviendrait à se priver des scènes ou des éléments auxquels le cinéaste, pour des raisons multiples, a renoncés, et qui font partie des « curiosités » de la lecture du scénario d'un film par ailleurs très accessible.

Afin de restituer au moins partiellement cette sensation de puzzle en mouvement, qui est la marque du travail d'invention de Truffaut, tout en rendant la continuité lisible, nous avons donc choisi d'établir le texte qui suit à partir de trois documents : le scénario de tournage de François Truffaut, co-écrit avec Suzanne Schiffman ; le scénario reconstruit au cours du montage, document de travail de Martine Barraqué, et le scénario de sa scripte, Christine Pellé où apparaissent certaines scènes additionnelles non reportées sur les autres versions.

Si l'objet de ce texte n'est pas un répertoire des transformations effectuées lors du tournage, deux de celles-ci m'ont paru revenir avec suffisamment d'insistance pour valoir la peine d'être relevées. Dans ce grand film du *secret derrière la porte* se dévoile peu à peu un mouvement de l'explicite vers l'implicite : les scènes où se dialoguaient ouvertement l'attirance de Marion pour Bernard ou encore celle d'Arlette pour Marion, où les effets étaient annoncés (comme la gifle que donnera Marion à Bernard s'apprêtant à quitter le théâtre pour la Résistance) disparaissent à mesure que la mise en scène s'impose et se substitue à la tentation de tout exprimer par les dialogues.

Si le recours aux chansons (*Mon Amant de Saint-Jean*, *Zumba Zumba*) était prévu depuis longtemps, certains éléments écrits en filigrane se dessinent nettement au tournage. Truffaut racontait qu'on lui avait reproché de répéter trop souvent le mot *juif* dans son film, et l'on constate en effet qu'avant et pendant le tournage, avec la complicité de Jean-Claude Grumberg au dialogue, il avait choisi de renforcer cette ligne, incluant certaines des scènes les plus mémorables du film : le grand discours de Daxiat à la radio (« Il faut pousser le juif hors de la scène ») ou surtout le « Qu'est-ce que c'est avoir l'air juif ? » de Lucas Steiner qui joue avec un faux nez en carton pendant que Marion lui coupe les cheveux dans la cave.

Ouvrir le sac à malices qu'est le scénario du *Dernier Métro*, est une manière de reparcourir en accéléré les questions que Truffaut et Suzanne Schiffman ont dû se poser en l'écrivant : comment suivre la double progression de la vie d'un théâtre et de l'histoire de l'Occupation, comment travailler le secret (avec, par exemple, le gag magnifique du jambon dissimulé dans un étui à violoncelle que Marion va à son tour dissimuler au théâtre), comment donner vie à pareille galerie de personnages, comment faire pour que *tout* indirectement soit dit et répandre la peur, comment mêler le privé, l'amour, le sexe, et la grande Histoire. Une des plus belles réussites de ce pari est sans doute cet instant où les jambes des femmes gainées de faux bas soigneusement peints en trompe-l'œil se posent sur le journal qui annonce le franchissement par l'armée allemande de la ligne de démarcation ?

C. L. B. janvier 2001

Remerciements à Suzanne Schiffman de nous avoir guidé dans les archives du film et à Sonia Buchman pour son aide.

Lettre aux comédiens
du *Dernier Métro*.

«Mes Chers Amis,

« Nous allons tourner un film ensemble.

«Avant de commencer, nous avons tous le trac, c'est-à-dire que notre imagination galope et brode sur une inquiétude abstraite : il nous semble que tout ce que nous avons fait avant ne va pas nous aider cette fois et que le trajet du *Dernier Métro* recèle telle ou telle difficulté pernicieuse jamais affrontée auparavant.

«Je crois au contraire que le *Dernier Métro* sera un film facile et agréable à tourner, comme chaque fois que les personnages sont plus importants que les situations. Bref, selon moi, seule la pellicule devrait être impressionnée.

«Tout de même, faut-il que nous ayons reçu une éducation bien oppressante pour douter aussi systématiquement de notre aptitude dans un des rares métiers de vocation, un de ceux qui autorisent l'élément de plaisir à occuper la première place.

«A présent, oublions le stade fright, imaginons que nous évoluons tous dans le *Dernier Métro* comme des poissons dans l'eau.

«Nous allons travailler dans le but de raconter une histoire intéressante et intrigante. Je propose que nous gardions cette histoire secrète et que nous évitions de la raconter aux journalistes. Evitons même de décrire les personnages. Ce qui se passe dans le théâtre Montmartre, de la cave au grenier, ne regarde que nous et... le public avec lequel nous avons rendez-vous mais seulement dans neuf mois (forcément).

«*L'équipe caméra, sous la direction de Nestor Almendros, s'efforcera de faire une belle image, évoquant avec plausibilité l'époque de l'Occupation. Ne laissons pas les caméras hasardeuses de reportages télévisés donner une impression brouillonne de notre travail.*

«Sans heurter nos camarades de la presse et de la télévision, sans aller jusqu'à briguer le Prix Citron, reportons à la rentrée d'automne les activités dites promotionnelles, c'est-à-dire un moment où, bien contrôlées, elles pourront aider au démarrage public du film.

«Sachant que chacun de vous sera sollicité séparément par les médias, j'ai pensé qu'il vous serait plus facile de dire non s'il est établi dès à présent que le plateau du *Dernier Métro* sera fermé aux journalistes.

«Nous serons aidés dans la protection de notre travail paisible, comme dans la centralisation des

9

informations, par les talents diplomatiques de nos chargés de presse, Simon Misrahi et Martine Marignac.

«Et maintenant, que ce tournage soit une fête et que la fête commence.»

François Truffaut, le 21 janvier 1980

Distribution des rôles

Marion Steiner	CATHERINE DENEUVE
Bernard Granger	GÉRARD DEPARDIEU
Jean-Loup Cottins	JEAN POIRET
Lucas Steiner	HEINZ BENNENT
Arlette Guillaume	ANDREA FERREOL
Germaine Fabre	PAULETTE DUBOST
Nadine Marsac	SABINE HAUDEPIN
Daxiat	JEAN-LOUIS RICHARD
Raymond le Régisseur	MAURICE RISCH
Merlin	MARCEL BERBERT
Gestapiste	RICHARD BOHRINGER
Christian Leglise	JEAN-PIERRE KLEIN
Jacquot (Eric)	LE PETIT FRANCK
	PASQUIER
Chanteuse Allemande	RENATA
René Bernardini	JEAN-JOSÉ RICHER
Martine la voleuse	MARTINE SOMONET
Lieutenant Bergen	LASZLO SZABO
Yvonne,	
Femme de chambre	HENIA ZIV
Rosette Goldstern	JESSICA ZUCHMAN
Marc	ALAIN TASMA
Mr Valentin	RENÉ DUPRÉ
Concierge Hôtel	PIERRE BELOT
Remplaçant Bernard	CHRISTIAN BALTAUSS
Souris Grise	ALEXANDRA AUMOND
Souris Grise	MARIE-DOMINIQUE HENRY
Rosen	JACOB WEIZBLUTH
Chorale des Enfants	LES PETITS CHANTEURS DE L'ABBAYE
Mère Jacquot	ROSE THIERRY

11

Scénario

01. Séquence Pré-générique

Montage d'images d'archives montrant des Allemands dans Paris, la visite de Hitler à Notre-Dame, la Tour Eiffel, la vie des parisiens pendant l'occupation.

Pendant ce montage, nous entendrons le commentaire suivant :

Paris, Septembre 1942. Depuis deux ans, l'armée allemande occupe la moitié nord de la France.

La séparation entre la zone occupée et la zone libre constitue une sorte de frontière qui traverse horizontalement le pays.

En zone occupée, le couvre-feu vide les rues après onze heures du soir et, pour les parisiens, il est terriblement important de ne pas rater <u>le dernier métro</u>.

Parce qu'ils ont faim, les parisiens attendent des heures pour acheter un peu de nourriture, parce qu'ils ont froid chez eux, ils se pressent chaque soir dans les salles de spectacle. Les cinémas et les théâtres font salle comble, il faut louer ses places longtemps à l'avance.

Au théâtre Montmartre une pièce est en répétition et pourtant le directeur, Lucas Steiner a quitté la France précipitamment.

Il n'avait pas le choix.

(Le 25 juillet 1980).

1. Rue derrière théâtre.
Extérieur Jour sombre. Ou place théâtre :

Nous sommes à l'extérieur d'une petite épicerie dont la vitrine est pratiquement vide : on n'y voit que quelques boîtes de conserve marquées «factices» et, à la peinture, l'annonce des tickets d'alimentation qui vont être validés dans les jours à venir. Une queue d'une vingtaine de personnes (en majorité des femmes) s'étire sur le trottoir. Un peu à l'écart, un petit garçon d'une dizaine d'années, attend sa mère dehors en jouant sur le caniveau.

Un soldat allemand s'arrête pour le regarder un instant, lui sourit, puis lui tend un gros bonbon. Le gamin hésite avant d'accepter, jette un regard à droite et à gauche, prend le bonbon et l'enfouit dans sa poche. Le soldat allemand lui caresse les cheveux au moment où une femme sort de la boutique.

Elle a vu le geste de l'Allemand et se précipite sur le gamin qu'elle entraîne.

LA MÈRE : Jacquot! Rentre à la maison, je vais te laver les cheveux.

Tandis que la mère disparaît à droite du cadre et l'Al-

14

lemand de l'autre côté, on a le temps de voir le petit Jac-
quot enfourner le bonbon dans sa bouche.

1a. Place théâtre Montmartre.
Extérieur jour sombre.

On recadre Bernard Granger marchant vers l'entrée du
Théâtre Montmartre.
Un panneau d'affichage, placé entre deux portes,
annonce :
                « Relâche pour répétitions »
Bernard, après avoir examiné la façade du Théâtre et
essayé vainement d'ouvrir une des portes, se décide à
contourner l'immeuble, à la recherche d'une entrée
annexe.

2. Rue derrière théâtre.
Extérieur jour sombre.

Une rue étroite borde le côté gauche du Théâtre.
Une petite cour donne sur cette rue. Bernard s'y engage
et frappe à la porte vitrée d'une loge de concierge. On
reconnaît la mère du petit Jacquot en train de lui laver
les cheveux.
MÈRE DE JACQUOT : Qu'est-ce que c'est ?
BERNARD : Pardon Madame, il est fermé le théâtre,
parce que j'ai rendez-vous.
MÈRE : Non, Monsieur, vous êtes allé voir à l'en-
trée des artistes, là, derrière vous.
BERNARD : Ah ! ah merci. Excusez-moi.
MÈRE : Non, non laissez ! Allez !

Bernard sonne à l'Entrée des Artistes.
Raymond, le régisseur, lui ouvre la porte.

BERNARD : Bonjour. Je crois que j'ai rendez-vous…

RAYMOND : Ah, vous êtes Bernard Granger?

BERNARD : Oui.

RAYMOND : Ah oui, oui, bien sûr on vous attend, je vais vous conduire auprès de Madame Steiner, je passe devant.

BERNARD : D'accord!

3. Couloirs. Coulisses et scène. Intérieur jour.

[[RAYMOND : Vous avez vu? Je vous ai reconnu tout de suite, ça m'a bien plu ce que vous faites au Grand Guignol, «Le Squelette dans le placard»… Le truquage est formidable, j'ai la prétention de m'y connaître, eh bien, j'en suis encore à me demander…

BERNARD : Oh c'est simple comme bonjour. C'est le vieux truc des fêtes foraines. J'entre dans la grande horloge à double fond, la planche de côté pivote et, par un jeu de glace, le public croit voir mon squelette…

RAYMOND *(off)* : En tout cas c'est first-class quality…]]

BERNARD : C'est un beau théâtre.

RAYMOND : Ah ça! C'est autre chose que le Grand Guignol, hein?…

BERNARD : Il est au moins deux fois plus grand… Je suis déjà venu ici mais dans la salle… J'ai vu Madame Steiner dans le «Jardin des cerises» de Tchékhov. Et on a des nouvelles de Lucas Steiner?

RAYMOND : Le patron? Ah lui, il l'a échappé belle…

Un jour, ils sont venus le chercher... Vers midi.

BERNARD : Ici, au Théâtre ? les Allemands ?

RAYMOND : Non, non, des Français. Y'en avait partout, ils avaient cerné l'immeuble. Hé, hé, le matin même, Lucas Steiner avait foutu le camp de Paris. Hé.

BERNARD : On m'a dit qu'il était parti pour l'Amérique...

RAYMOND :... Du Sud, ouais, ouais, l'Amérique du Sud, quelque part par là-bas, il pourra travailler, hein. Voilà. Par ici c'est l'administration.

Bernard et Raymond, pendant ce dialogue, sont passés de la scène au couloir des loges et ils arrivent à présent devant la porte de l'Administratrice, Marion Steiner.

MERLIN : Bonsoir Raymond.

RAYMOND : Bonjour Monsieur Merlin. Bernard Granger, Monsieur Merlin.

MERLIN : Oui, oui, je vous avais reconnu, bonsoir.

BERNARD : Enchanté, bonsoir.

RAYMOND : Oui, Merlin, c'est notre administrateur, pour les questions d'argent, vous verrez avec lui, hein.

Le bureau est vide. Raymond fait entrer Bernard.

RAYMOND : Attendez-là.

BERNARD : Merci.

RAYMOND : Madame Steiner ne va pas tarder.

BERNARD : D'accord, merci.

4. Bureau Marion. Intérieur jour.

Les murs du bureau sont décorés d'affiches de théâtre, de croquis (décors et costumes) et de quelques photo-

graphies de comédiens sur scène. Sur des étagères de nombreux livres et une série de verres sur lesquels sont reproduites les affiches de spectacles précédents. Sur le bureau, une photographie de Marion et de Lucas Steiner, ainsi que des papiers administratifs. Une petite table et deux fauteuils complètent l'ameublement. Une porte entrouverte, au fond du bureau, permet d'apercevoir la loge de Marion.

Cette loge communique directement avec le couloir par une autre porte.

D'où il est, Bernard ne peut voir cette porte, mais il l'entend s'ouvrir. À présent, il voit Jean-Loup Cottins demander à quelqu'un d'attendre quelques minutes dans le couloir.

L'attention de Bernard se partage entre la porte vitrée à travers laquelle il peut voir l'homme qui attend et la loge où circulent Marion et Jean-Loup en pleine discussion (à propos de cet homme, Monsieur Rosen).

JEAN-LOUP : Écoute Marion, je le sais aussi bien que toi que le certificat d'aryanité de Rosen est un faux, mais crois-moi, personne n'ira le regarder à la loupe.

MARION : Il n'a même pas sa carte du comité.

JEAN-LOUP : Justement. Il dit qu'il a perdu sa carte, il pourra obtenir un duplicata. Il me semble quand même qu'avec les relations qu'on peut avoir tous les deux...

MARION : Il faut garder nos relations pour des choses plus importantes.

JEAN-LOUP : Mais Marion, avec ces papiers-là, Rosen arrive quand même à travailler, il raccorde dans le Père Goriot à Billancourt. Personne ne lui a fait d'histoire.

MARION : Et bien, tant mieux pour lui, s'ils sont

aussi coulants à Billancourt. Mais nous ici, on observe les règlements à la lettre. Pas de carte du comité, pas d'engagement !

JEAN-LOUP : Qu'est ce que je vais lui dire, moi, à Rosen ?

MARION : Et bien, tu n'as qu'à lui dire la vérité : Marion Steiner ne veut pas de juif dans son théâtre !

Bernard, troublé par ce dialogue qu'il n'est pas censé entendre, se sent de trop. Jean-Loup, traversant le bureau, découvre Bernard. Il lui serre rapidement la main et lui demande quelques minutes de patience.

JEAN-LOUP : Ah mais, on ne m'avait pas dit que vous étiez là, je vous demande deux secondes hein.

BERNARD : Oui.

JEAN-LOUP : Je reviens, je vais chercher Marion.

Dans le couloir, derrière la porte vitrée, Jean-Loup échange quelques paroles à voix basse avec Rosen, l'acteur juif, dont on entend seulement la dernière phrase.

JEAN-LOUP : Écoutez, Rosen, je suis désolé, mais elle ne veut rien entendre, sans carte elle ne veut pas prendre de risques.

ROSEN : Alors décidément on aura tout vu. J'aurais accepté cette réponse de n'importe qui, mais s'entendre dire ça dans le propre théâtre de Lucas Steiner, je trouve que c'est un comble.

Le comédien refusé s'en va. Jean-Loup Cottins revient vers Bernard.

JEAN-LOUP : Venez !

BERNARD : Non, attendez, attendez ! Je voudrais comprendre.

JEAN-LOUP : Quoi ?

BERNARD : Non, moi j'étais très content d'avoir l'occasion de jouer dans un vrai théâtre, une vraie pièce,

19

mais alors s'il faut enlever sa culotte pour prouver qu'on n'est pas juif, alors non merci.

JEAN-LOUP : Non.

BERNARD : Non, non, non merci et puis en plus, ça ne m'intéresse pas de prendre le rôle de quelqu'un d'autre...

JEAN-LOUP : Non, non, non, non mais qu'il n'y ait pas de malentendu, non mais, le comédien que j'ai été obligé de refuser ne venait pas pour le rôle du précepteur, il devait faire... il devait faire le garde-chasse qui a un petit bout de scène à la fin du troisième acte.

BERNARD : Non, parce que...

JEAN-LOUP : Non, croyez-moi...

BERNARD : Cette situation-là...

JEAN-LOUP : Croyez-moi, Granger, c'est vous que j'ai voulu dès le début pour être le partenaire de Marion. Vous savez, faut comprendre aussi, hein, on n'est même pas encore certains de pouvoir jouer. Le texte est encore au comité de censure, on n'a pas de réponse. Tiens, Marion, je te présente Bernard Granger.

MARION : Bonjour.

BERNARD : Bonjour Madame.

MARION : Je n'ai entendu que des choses formidables sur vous... J'ai parlé avec des gens qui sont allés au Grand-Guignol pour la première fois, spécialement pour vous voir... Et puis Jean-Loup se trompe rarement.

BERNARD : Quand ils m'ont demandé au Grand-Guignol, j'ai hésité à accepter et puis en fait, ça m'a fait plaisir de jouer «Le Squelette dans le placard»...

JEAN-LOUP : Oui, mais attention, le Grand-Guignol mène à tout à condition d'en sortir ! Par exemple,

20

pour jouer au Théâtre Montmartre et avec Marion Steiner.

MARION : Arrête de faire de la réclame ! Malheureusement je ne suis pas allée vous voir jouer parce que je ne peux pas sortir le soir. C'est impossible avec tout le travail d'administration. Avant, mon mari s'occupait de tout et je prenais même un certain plaisir à ne rien comprendre aux paperasses, aux règlements, aux questions d'argent… Il a fallu que je me mette au courant très vite. Alors il faut que nous parlions de votre contrat…

BERNARD : Comment ? Là ? Maintenant ?

MARION : Oui, là, maintenant, ce sera fait. Dites-moi : vous gagnez combien au Grand-Guignol ?

[[BERNARD : Heu… Quatre mille francs par mois.

MARION : Et un pourcentage ?

BERNARD : Non, pas de pourcentage.

JEAN-LOUP : Ah, non, mais le Grand-Guignol est beaucoup plus petit, ils n'ont que deux cents places, on peut pas comparer…

MARION (*sèchement*) : Écoute Jean-Loup, tu es un poète, je ne t'oblige pas à entendre parler d'argent…

JEAN-LOUP : Message bien reçu. Bon, ben écoutez, le poète vous laisse à vos tâches prosaïques.]]

Sortie de Jean-Loup dans le couloir. Nous le suivons jusqu'à un placard d'où il extrait des brochures de la pièce. En revenant vers le bureau de Marion, il intercepte une jeune comédienne, Nadine Marsac, et tous deux reviennent vers le bureau de Marion qui a terminé ses transactions avec Bernard.

JEAN-LOUP : Ah ben, tiens, je te cherchais ma fille, voici une brochure, ce sont de saines lectures. Méditez-les mon enfant !

GERMAINE : Eh! C'est celle-là?

NADINE : Oui, oui, merci. Ben je suis contente parce que je suis passée hier à la librairie théâtrale, puis ils l'avaient pas.

JEAN-LOUP : Oh ben, y'avait pas de risques. C'est pas édité, ça a jamais été édité.

NADINE : D'ailleurs, je ne la connais pas du tout cette pièce.

JEAN-LOUP : C'est une pièce norvégienne, c'est écrit d'ailleurs par une Norvégienne, tu vois, Karen Bergen, on peut difficilement être plus norvégienne. C'est Lucas qui a déniché ça, c'est traduit du norvégien. Tu connais le norvégien?

NADINE : Ah non.

JEAN-LOUP : Moi non plus, ben je te garantis quand même que les critiques se gêneront pas, tu vois, pour chipoter la traduction.

MARION : Bonjour Nadine.

NADINE : Bonjour Marion.

MARION : Vous connaissez Bernard Granger?

NADINE : Pourquoi, il est là?

MARION : Il est dans mon bureau.

NADINE : Ah non, non, je ne le connais pas. Mais on a failli se rencontrer. Bonjour! On a failli se rencontrer chez un ami commun, chez Lucien, vous deviez venir à sa pendaison de crémaillère.

BERNARD : Ah Massoulier oui, j'ai pas pu venir. Mais enfin, on se reverra. Je signe le contrat.

NADINE : Oui.

BERNARD : Hein.

Nadine repart aussi vite qu'elle est entrée.

Marion tend un formulaire imprimé à Bernard :

MARION : Je vous laisse remplir votre fiche.

Bernard s'installe devant le formulaire à en-tête du
théâtre Montmartre et nous faisons alterner gros plans
du formulaire et gros plans du visage de Bernard, en
sorte de pouvoir lire clairement le texte qui est imprimé
(éventuellement on entend la voix intérieure de Ber-
nard) :
« Je déclare par la présente que je ne suis pas juif
et qu'à ma connaissance expresse aucun de mes
parents ni de mes grands-parents ne sont ou
n'étaient juifs. »
Bernard date et signe.

5. Couloirs théâtre. Intérieur jour.

[[*On reprend Raymond frappant à la porte vitrée du*
bureau.
RAYMOND *(entrouvrant la porte)* : Eh, c'est la fer-
meture hein.
JEAN-LOUP *(sortant du bureau)* : On s'en va.
Il voit passer Nadine, portant une robe sur un cintre,
accompagnée de Germaine, l'habilleuse.
GERMAINE *(à Jean-Loup)* : Alors, il est engagé votre
jeune premier ?
JEAN-LOUP : Ouais.
GERMAINE : Eh bien, ça ne se serait pas passé comme
ça du temps de Monsieur Steiner, avec le Patron,
personne ne signait un contrat sans avoir auditionné.
Ah tiens ! Elle est prête ta robe.
NADINE : Ah ! Merci, Germaine c'est gentil. Bon
ben, je me sauve hein, Jean-Loup j'ai une radio.
JEAN-LOUP : T'as besoin d'une robe du soir pour
aller enregistrer à Radio-Paris ?

MARION : Bonsoir Nadine.

NADINE : Bonsoir Marion. Mais non ! C'est pas ça Jean-Loup, tu comprends rien.

MARION : J'arrive Jean-Loup.

NADINE : Il faut d'abord que j'aille à la radio pour l'enregistrement et après ça, il faut que je file au studio parce que j'ai une séance de photo, seulement le studio, il marche le soir.

MARION : Raymond, j'éteins tout hein ?

RAYMOND : Oui, oui, merci Madame Steiner.

MARION : Elle est drôle cette petite Nadine. Elle est faite pour jouer Ondine. Elle est poétique, et en même temps, elle est dans un état d'agitation perpétuelle.

À l'arrière-plan, on voit Raymond faire le tour des loges et vérifier que les lumières sont éteintes.

JEAN-LOUP : Ah, c'est la frénésie des débutants. Moi j'étais comme ça, j'étais comme ça la première année. Je voulais être partout, je voulais être sur toutes les scènes, tous les soirs, comme ça, en même temps. T'es pas comme ça toi ? T'as pas connu ça toi ?]] T'as jamais eu tellement envie d'être actrice finalement ?

MARION : J'avais un métier, il me plaisait.

JEAN-LOUP : Oh, mais non, je sais bien, si Lucas avait pas été te sortir de ta maison de couture, tu serais encore au milieu de tes chiffons… Hein ? Avoue…

MARION : Tu ne crois pas si bien dire, et encore tu ne sais pas tout : si j'avais refusé de le suivre, il me l'a avoué lui-même, il aurait demandé à Mademoiselle Chanel de me renvoyer.

JEAN-LOUP : Oh, mais j'en suis sûr, il l'aurait fait à tous les coups, tel que je le connais.

Ils sont arrivés à la porte de sortie. Derrière eux, Raymond coupe le courant en abaissant le levier du compteur.

RAYMOND : Madame Steiner, je coupe au général ?

MARION : Oui, oui.

6. Cour intérieure et rue. Jour sombre.

Raymond ferme la porte à double tour avant d'aller remettre la clef dans la loge de la concierge. Marion remarque une voiture qui se range au bord du trottoir, à la sortie de la cour. Un homme sort de la voiture et fait un signe de reconnaissance en direction de Jean-Loup. Cette silhouette, Jean-Loup ne tarde pas à la reconnaître : c'est celle de Daxiat. Jean-Loup ironise un peu à propos de la voiture : « en voilà un qui n'a pas de problèmes avec les bons d'essence. » *Jean-Loup a oublié de prévenir Marion. Il a accepté de dîner avec Daxiat, ce soir, et il comptait sur la présence de Marion. Daxiat a promis de faire quelque chose pour le visa de censure...*
Marion accepte de saluer Daxiat, mais refuse de dîner. Un jeune homme attend Jean-Loup à la sortie du théâtre.

JEAN-LOUP : Tu es là...

MARC : Mais je vous attends Jean-Loup.

JEAN-LOUP : Ah ! Oui, d'accord, oh merde Daxiat, j'y pensais plus, j'avais un dîner avec lui, tu es libre, je te verrais plus tard.

MARC : Ah bon. Bonsoir.

JEAN-LOUP : Bonsoir. *(À Marion)* Oui regarde pas, regarde pas, non j'ai pas pensé à te dire, euh...

MARION : À me dire quoi?

JEAN-LOUP : Daxiat, j'ai accepté de dîner avec lui, ah écoute, il peut nous aider pour le visa de censure. J'avais même un petit peu promis que tu viendrais.

MARION : Et bien tu as eu tort. D'ailleurs je ne comprends pas comment toi tu peux passer une soirée avec ce type.

JEAN-LOUP : Ben on choisit pas toujours.

MARION : Tu sais quand même sous quel prétexte il a fait interdire *Britannicus*.

JEAN-LOUP : Oui, je sais, je sais, il a dit que c'était un spectacle efféminé, je sais, je sais. Seulement on a besoin de lui pour le visa de censure, non? Alors je te demande de lui dire bonjour. Non seulement de lui dire bonjour, mais de lui serrer la main.

MARION : Je vais lui dire bonjour et lui serrer la main, mais pour le dîner, invente-moi une excuse, hein. Je suis fatiguée, je rentre directement à l'hôtel. Raymond, vous coupez tout.

Tout en décadenassant son vélo, Raymond observe, de loin, le court échange de politesse entre nos trois personnages. Très vite, Marion s'éloigne de son côté tandis que Jean-Loup et Daxiat montent dans la voiture qui s'éloigne.

[[7. Bistrot. Intérieur jour.

Nous sommes dans le bistrot le plus proche du théâtre. On cadre un téléphone mural et on entend la voix de Bernard qui demande un jeton pour téléphoner.

Bernard entre dans le cadre, compose son numéro et :

BERNARD : Allo Christian ? Mon vieux, ça a marché oui, oui… Oui je l'ai vu, oui. Elle est belle oh ! la la. Sympathique ? Ça on peut pas dire. C'était bizarre, je sais pas, je peux pas parler ici, je t'expliquerai hein. Le metteur en scène ? C'est Jean-Loup, Jean-Loup Cottins oui, oui. Oh oui, oui. Nettement mieux payé qu'au Grand Guignol, oh, la, la, oh, oui. Ben ça je peux pas te le dire là, ils viennent juste de me donner la brochure. Non, non, pas de lecture avant trois jours, bon écoute, on se voit demain comme prévu, hein.

Tout en écoutant son correspondant, le regard de Bernard est attiré par le visage, très appétissant, d'une jeune femme qui se remet du rouge à lèvres en se regardant dans le miroir du lavabo. Bernard ne parvient pas à la quitter des yeux.

ARLETTE : Voilà Monsieur.

La jeune femme a fini de se maquiller et Bernard voit qu'elle va quitter le café.

BERNARD : Bon, attends, excuse-moi, hein, je suis pressé. Allez, à demain.

Bernard raccroche rapidement et emboîte le pas à la jeune femme.]]

8. Rue Bistrot. Extérieur fin de jour.

Sur le trottoir, Bernard s'élance pour rattraper et dépasser la jeune femme.

BERNARD : Pardonnez-moi, Mademoiselle, pardonnez-moi… Je vous ai vu… Je voudrais…

ELLE : Vous voulez l'heure ? Il est sept heures moins vingt…

BERNARD : Non merci, je sais… J'ai une montre…

ELLE : Alors vous êtes perdu ? Vous cherchez votre chemin peut-être.

BERNARD : Oh non, pas du tout, je suis du quartier.

ELLE : Bon, alors au revoir Monsieur.

BERNARD : Non attendez, attendez, non… Je, je voudrais pas que vous pensiez que je vous aborde… non c'est vrai.

ELLE : Et qu'est-ce qui pourrait me faire penser à une chose pareille ?

BERNARD : Non parce que j'étais, j'étais dans le bistrot… Je téléphonais. Je vous ai vu et je ne sais pas, moi je, vos yeux, votre expression… Alors je me suis dit…

ELLE : Vous vous êtes dit… ?

BERNARD : Oui, et bien aujourd'hui c'est un jour de chance, et je me retrouve là tout seul, alors je pensais qu'on pourrait prendre un verre, discuter…

ELLE : Écoutez, je n'ai pas soif et je n'ai rien à discuter, bon laissez-moi passer maintenant.

BERNARD : Evidemment, vous vous trompez sur mon compte, mais vous pensez que je fais ça tous les jours… Non ?

ELLE : Non, alors vous ne le faites que les jours impairs… Je crois que je commence à m'ennuyer avec vous…

BERNARD : Oh puis alors, faites comme vous voulez hein. Oh non, puis, il n'y a pas de raison que je ne m'explique pas, s'il vous plaît, vous savez ce que c'est que d'avoir une « attirance » ? Hein. Mais enfin vous n'avez qu'à me croire : je n'ai pas abordé une jeune femme inconnue depuis quatre ans.

ELLE : Alors je devrais me sentir particulièrement

honorée…? Écoutez, j'en ai assez… C'est un scandale public que vous voulez?

BERNARD : Mais enfin réfléchissez hein? Je veux, <u>je veux</u> quelque chose : un nom, une adresse, vous avez un téléphone?… Moi je m'appelle Bernard…

ELLE : Vous voulez mon téléphone, vous le voulez absolument?

BERNARD : Oui, oui, formidable, je note.

ELLE : Odéon 84-00. *(Elle s'éloigne)*.

Bernard note et relève la tête.

BERNARD : Alors, Odéon 84-00, Odéon 84, zéro… Mais enfin, vous vous foutez de moi? C'est le téléphone de l'horloge parlante!

Bernard abandonne et part, non sans se retourner une ou deux fois.

9. Scène du Théâtre. Intérieur jour.

Marion, Nadine, Bernard et Jean-Loup sont installés autour d'une table au milieu de la scène vide.

La lecture de la pièce est en cours. Chacun des comédiens lit ses répliques, Jean-Loup donne celles d'Eric (un rôle qui devra être joué par un tout jeune garçon) et fait le lien entre les autres comédiens en lisant les indications de mouvements qui se trouvent dans le texte de la pièce. (On sait déjà que «La Disparue» est une pièce scandinave dont l'action se déroule à la fin du siècle dernier. L'intrigue ne sera jamais trop précisée, mais néanmoins elle se laissera deviner. Marion et Bernard en sont les héros, sous les noms d'Helena et Carl. <u>Elle</u> apparaît comme une sorte de belle du château, passionnée et mélancolique. <u>Lui</u> est socialement inférieur, dans le genre

«précepteur qui idéalise la mère de son élève». Nadine joue le rôle de Harriett, la servante, et Jean-Loup Cottins celui du Docteur Sanders qui est le «parrain» d'Helena et le propriétaire du domaine.)
La lecture de cette scène sera conduite par Jean-Loup Cottins qui aura naturellement la liberté, à deux ou trois reprises, d'interrompre ses camarades pour les aiguiller sur la bonne voie.

HELENA : C'est bien, Eric. Tu peux aller te coucher à présent...

JEAN-LOUP : Eric hésite un moment avant de quitter la pièce, il se retourne vers sa mère : «Maman, est-ce qu'il va revenir, Monsieur Carl?».

HELENA : Je ne sais pas, mon petit. Qu'est-ce que tu crois?

JEAN-LOUP (Eric) : Moi je crois, moi je crois qu'il va revenir... *(Il poursuit)* Helena lâche volontairement le métier à broder qu'elle a dans les mains. Alerté par le bruit, Carl revient sur ses pas et...

CARL : Quelqu'un est là?

JEAN-LOUP : Il aperçoit Helena.

CARL : Pourquoi vous cachez-vous?

HELENA : Je ne voulais pas vous voir. Quittez cette maison, vous n'y faites que du mal.

CARL : Eh bien soit, je partirai, mais d'abord vous m'écouterez. Lorsque le docteur Sanders m'a engagé, au printemps dernier, on m'avait dit...

JEAN-LOUP : Oui, écoute, je pense qu'il est préférable d'inverser, je pense qu'il est préférable de marquer plutôt «au printemps dernier».

CARL : Au printemps dernier, d'accord. Et bien soit, je partirai, mais d'abord vous m'écouterez...

JEAN-LOUP : Bonjour ma chérie, tu vas bien.

CARL :… Au printemps dernier, lorsque le docteur Sanders m'a engagé, on m'avait dit…

Pendant la dernière réplique de Bernard (Carl) nous avons vu arriver un nouveau personnage en coulisses. C'est <u>Arlette</u> qui embrasse <u>Raymond</u> comme une vieille connaissance. <u>Elle a un carton à dessin sous le bras</u>. À présent, Arlette se rapproche du groupe et nous reconnaissons en elle la jeune femme que Bernard a abordée, la veille, dans la rue. Absorbé par sa brochure, il sera le dernier à la voir.

La répétition est terminée avec l'arrivée d'Arlette qui connaît et embrasse tout le monde.

JEAN-LOUP *(à Bernard)* : Viens que je te présente notre décoratrice Arlette Guillaume, qui va faire les décors et les costumes. *(À Arlette)* Ma chérie, je te présente Bernard Granger.

ARLETTE : Bonjour.

JEAN-LOUP :… Qui va être notre Carl… Tu l'as sûrement vu jouer…

ARLETTE : Non, je ne crois pas… Ah si, bien sûr, je l'ai déjà vu.

JEAN-LOUP : Sûrement au Grand-Guignol…

ARLETTE *(sans quitter Bernard des yeux)* : Non, c'était dans un rôle beaucoup plus ordinaire… Il jouait l'homme de la rue…

BERNARD : Oh. Ce n'est pas le rôle sur lequel il faut me juger… Je ne possédais pas mon texte.

ARLETTE : Pourtant, j'aurai juré que vous récitiez par cœur.

Jean-Loup interrompt ce petit duel en posant la main sur l'épaule d'Arlette :

JEAN-LOUP : Bon mes enfants, la répétition est terminée, mais je voudrais quand même vous dire une

31

chose. Bon, je vais faire la mise en scène de «La Disparue». Pas besoin de vous préciser, comme vous tous, que j'aurais préféré que ce soit Lucas qui vous dirige. Mais enfin, il se trouve qu'heureusement, avant de partir il a laissé des notes, des notes très importantes sur la façon dont il envisageait le montage de la pièce et, pas besoin de vous dire que je me servirai au maximum de ces notes et comme ça je serai tout à fait disponible pour vous aider. Voilà !

Il s'éloigne avec Arlette et Marion vers un angle de la scène.

JEAN-LOUP : Tu as dit à Arlette que nous avions finalement l'autorisation de la censure ?

ARLETTE : Ah oui, c'est bien.

MARION : Oui, oui, sauf que la censure nous oblige à couper la scène d'épilepsie…

NADINE : Bon ben, si vous n'avez plus besoin de moi, je me sauve.

JEAN-LOUP : Oui sauve-toi ma chérie.

NADINE : Bonsoir.

MARION et ARLETTE : Bonsoir.

ARLETTE : Mais le journaliste de *Je suis partout*, ton ami Daxiat, il pourrait pas intervenir pour qu'on puisse garder la scène d'épilepsie ?

JEAN-LOUP : Ben, c'est déjà lui qu'a obtenu l'autorisation, alors c'est pas le moment de faire des vagues…

Nous avons donc, à présent, Marion, Jean-Loup et Arlette au fond de la scène en train de regarder les premières esquisses du décor. (On a deviné qu'Arlette en assumera la responsabilité ainsi que des costumes).

Au fond de l'image, nous voyons Bernard et Nadine ranger leurs brochures et enfiler leur pardessus. Plan rap-

proché sur eux deux. Nadine tend son poignet à Bernard.

NADINE : Vous voulez bien m'aider à remettre mon bracelet. Il y a le fermoir qui est coincé à cause de la chaînette.

Bernard l'aide et, mimant la surprise dramatique, il examine la paume de la main gauche de Nadine.

BERNARD : Oh !

NADINE : Vous savez lire dans les lignes de la main.

BERNARD : Oh, la la !

NADINE : Non, mais vraiment, vous plaisantez ?

BERNARD : Mais je ne plaisante pas.

NADINE : Oh, alors, allez-y, qu'est-ce que vous voyez ?

BERNARD : Oh, je vois…

NADINE : Oui.

BERNARD : Je vois qu'il y a deux femmes en vous.

NADINE : Ben ça, c'est bien vrai, oh allez !

BERNARD : Rires.

NADINE : Rires.

Nous repassons à présent au groupe des trois. Au fond de la scène, Marion, en tournant la tête, voit de loin Bernard tenir la main de Nadine et nous comprenons que, de son point de vue, leur attitude suggère un flirt naissant. Jean-Loup attire l'attention de Marion sur un croquis de décor que nous montrons plein écran.

JEAN-LOUP : Alors, Marion, tu ne nous écoutes pas ?

MARION : Si, si je vous écoute.

10. Scène, salle et couloir Théâtre. Intérieur jour.

[[*Raymond est aux prises avec Martine : il lui avait interdit de venir le déranger dans son travail, alors que fait-elle là, dans le Théâtre ? Martine lui montre ce qu'elle dissimule sous sa cape : un jambon de neuf kilos et, si elle l'a retenu, c'est que Raymond lui a dit qu'il en cherchait un. Elle a promis de le payer ce soir et elle n'a pas assez d'argent pour avancer la somme (neuf kilos à six cents francs le kilo, c'est pas cher au prix où sont les choses, mais ça fait quand même du fric). Entendant des pas, Raymond pousse Martine dans la réserve qui lui sert d'atelier. Qu'elle attende là, il va s'occuper de son jambon.]]*

On démarre la séquence avec Germaine qui revient de la scène, elle a peur...

GERMAINE : Raymond, viens vite, j'ai peur, j'entends des bruits dans le théâtre.

RAYMOND : T'inquiète pas Germaine, je vais voir.

RAYMOND : Y'a quelqu'un là ? Y'a quelqu'un ? Bon, qu'est-ce que tu fais là toi ? Ben Martine, par où t'es rentrée ?

MARTINE : Par la porte. Dis donc, j'ai regardé la répétition c'était drôlement bien hein !

RAYMOND : Je t'avais dit de m'attendre dehors. Mais Martine, tu te fous de moi là.

MARTINE : Du calme s'il te plaît, regarde ce que je t'ai amené. Tu es toujours intéressé ? Alors j'avais pas d'argent sur moi, il faut le payer avant ce soir, sinon je le ramène.

RAYMOND : Combien ?

MARTINE : 4 200 francs.

RAYMOND : Pffmm.

MARTINE : Il fait 7 kilos.

RAYMOND : Bon, Madame Steiner est là-haut, je vais voir.

Dans le couloir des loges, Marion retient Bernard.

MARION : Attendez, le Grand-Guignol fait… Un peu plus de cent places à l'orchestre, une soixantaine au balcon. Ça fait deux cents fauteuils. Vous faites quoi ? Des moitiés de salle ?

BERNARD : Oh ben c'est…

Passent Arlette et Jean-Loup qui les saluent.

ARLETTE : Bonsoir, Marion.

MARION : Bonsoir.

JEAN-LOUP : Bonsoir, Marion.

BERNARD : Bonsoir

JEAN-LOUP : Bonsoir, Bernard.

BERNARD : Bonsoir. Oui c'est ça enfin, un peu plus le dimanche, un peu moins en semaine. Mais en moyenne c'est ça, des moitiés de salle. Bonsoir, Germaine.

GERMAINE : Bonsoir Bernard.

MARION : Avec des places entre 20 et 40 francs… Ça fait six mille francs de recette par soirée. Vous êtes…

Survient Raymond qui l'attire un instant à l'écart.

RAYMOND : Madame Steiner, je peux vous voir une seconde, s'il vous plaît.

MARION : Pardon, oui.

RAYMOND : Le jambon.

MARION : Ah, dans ma loge. (*À Bernard*) Vous êtes nombreux en scène ?

BERNARD : On est quatre, enfin, y'en a trois qui jouent au moins deux rôles chacun.

MARION : Alors… Six mille francs de recette… Les frais de plateau… Ils doivent juste couvrir. Effectivement, s'ils continuaient, ils perdraient de l'argent.
Passage de Nadine qui salue tout le monde et emmène Bernard.
NADINE : Je suis prête, on y va ?
BERNARD : Oui.
NADINE : Bonsoir.
MARION : Bonsoir.
BERNARD : Bonsoir, Madame Steiner.
MARION : Bonsoir.
Ils se séparent. Marion fait demi-tour pour entrer dans son bureau. Nous la voyons se chuchoter à elle-même : «Bonsoir Madame Steiner. Bonsoir, Marion».

[11. Bureau. Loge Marion. Intérieur jour.

Dans sa loge, Marion rejoint Germaine qu'elle trouve en contemplation devant une carte d'Allemagne.
MARION : Qu'est-ce qui se passe, Germaine ? Qu'est-ce que tu regardes ?
GERMAINE : J'ai reçu une lettre de mon grand, Mademoiselle. Ils l'ont changé de Stalag. Il n'a pas le droit de dire où il est mais je me suis procuré une carte d'Allemagne, en payant bien entendu, et Raymond pense que mon grand, maintenant, il est plus au Nord, en Rhénanie. Vous voyez, là où j'ai mis l'épingle rouge. Il est passé du Stalag 42A au 17A…
MARION : Tu me diras quand tu lui écriras, je rajouterai un petit mot…
Germaine a enfilé son manteau et est prête à quitter le bureau. Elle s'arrête sur le pas de la porte.

GERMAINE : Oui. On lui enverra en même temps que le passe-montagne. Parce que, finalement, j'ai trouvé de la laine, en payant bien entendu.

Restée seule, Marion s'est approchée de la fenêtre pour tirer les rideaux : quelque chose dans la rue arrête son geste.]

11a. Rue Bistrot. Extérieur jour sombre.

En plongée, du point de vue de Marion, nous voyons, sur le trottoir d'en face, une scène mimée.

Nadine et Bernard finissent un bavardage, échangent un baiser-camarade et se séparent. Bernard sort du champ visuel de Marion, mais Nadine s'est retournée et on devine qu'elle appelle Bernard. Celui-ci réapparaît dans le cadre, regarde sa montre, la désigne à Nadine et les deux repartent ensemble, dans la direction de Nadine.

12. Loge Marion Intérieur soir.

Nous sommes dans la loge de Marion. Rideaux fermés. Elle allume un dernier abat-jour ; elle se prépare à passer une soirée de travail.

[*Jean-Loup et Arlette viennent lui dire au revoir.*

ARLETTE : Dis donc Marion, j'ai reçu un coup de téléphone de Jean Yonnel. Il compte sur toi pour venir à la générale de «La Reine Morte» au Français... Si tu n'as personne, je peux t'accompagner...

MARION : Non, tu diras à Yonnel que je suis désolée et que je peux pas y aller...

ARLETTE : Tu devrais faire un effort, Marion. Tout le monde dit que ça va être formidable, et puis, tu devrais t'intéresser aux autres spectacles qui se montent à Paris… Tu diriges le théâtre maintenant. Rappelle-toi que Lucas trouvait le moyen d'aller voir toutes les pièces.

MARION : Lucas, c'était Lucas, moi je ne peux pas tout faire à la fois. Pour l'instant je ne peux pas sortir le soir, voilà… Si vous croyez que ça m'amuse cette situation…

JEAN-LOUP : Bon bon bon, on ira ensemble, Arlette et moi. On te ramène, Marion ?

MARION : Non, je reste ici, j'ai du travail, au revoir, à demain.]

À peine Marion est-elle seule que Raymond entre, un étui à violon à la main. Marion a sorti de l'argent d'un tiroir.

MARION : Entrez !

RAYMOND : J'ai votre jambon Madame Steiner hein, ça fait quatre mille deux.

MARION : Quatre mille deux cents francs ?

RAYMOND : Oui, ben, il fait sept kilos, mais si vous trouvez que c'est trop cher, je peux le rendre facilement.

MARION : Non, non, je le garde. Ça me fera tout l'hiver. Quatre mille deux, hein ?

RAYMOND : Ouais, ouais, quatre mille deux.

Elle lui tend l'argent.

MARION : Voilà.

RAYMOND *(posant l'étui sur la table)* : Merci, voilà le violoncelle.

MARION : Mais qu'est-ce que vous voulez que je fasse d'un violoncelle ?

Raymond, assez content de lui, ouvre l'étui à violon et découvre le jambon emmailloté dans son torchon à carreaux rouges et blancs. Il écarte même le torchon afin que Marion puisse voir le jambon.

RAYMOND : Et voilà l'animal ! Regardez-ça, sept kilos, sept ! J'ai pensé à l'étui à violoncelle parce que je vous voyais pas entrer à votre hôtel avec un jambon sous le bras. J'ai eu tort ?

MARION : Non, non, vous avez bien fait, c'est une très bonne idée, Raymond. Merci.

RAYMOND : Bon, je vous laisse Madame Steiner, surtout vous oubliez pas de couper le courant en partant, puis vous fermez bien le volet parce que le nouveau chef d'îlot, hein, c'est une peau de vache.

MARION : D'accord, Bonsoir.

Raymond sorti, Marion sort le jambon de l'étui, le pose sur la table, regarde autour d'elle et dissimule l'étui à violon derrière des robes de théâtre suspendues sur des cintres.

13. Hall Hôtel Marion. Intérieur soir.

Il est neuf heures du soir lorsque Marion arrive à l'hôtel où elle occupe, seule, l'appartement qu'avec Lucas ils louaient depuis plusieurs années.
Peu de clients dans le hall mais quelques officiers allemands, l'hôtel étant partiellement « occupé ».
En traversant le hall, Marion croise un homme âgé qui venait de déposer un manuscrit pour elle. C'est le scénariste Robert Valentin. Ils échangent quelques mots.

VALENTIN : Marion !

MARION : Monsieur ?

VALENTIN : Valentin.

MARION : Oh, excusez-moi, je suis tellement distraite, c'est stupide.

VALENTIN : Non, non, non je vous en prie, ne vous excusez pas. Je sais que j'ai pris ce qu'on appelle, un terrible coup de vieux. Alors voilà, j'ai déposé pour vous, au concierge un manuscrit, un scénario, prenez votre temps pour le lire, vous me direz. Je ne veux pas vous déranger, au revoir Marion.

MARION : Au revoir Valentin.

Lorsque Marion demande sa clef au tableau, le chef-concierge l'entraîne à l'écart : il n'a pas croisé Marion ces deux derniers jours et il veut lui confier quelque chose. Des lettres continuent à être adressées, ici, à Lucas Steiner, sans doute par des gens qui ne sont pas au courant de son départ en Amérique... Par prudence, il veut savoir ce que souhaite Mme Steiner : serait-il préférable de renvoyer les lettres aux expéditeurs en précisant que M. Steiner a quitté la France ?

Marion lui dit de ne pas s'inquiéter pour ce courrier et de lui remettre à elle : la plupart de ces lettres concernent probablement le Théâtre.

CONCIERGE : Pourrais-je vous parler un instant ? Voici de quoi il s'agit : je continue de recevoir du courrier pour Monsieur Steiner. Probablement des personnes qui ne savent pas qu'il n'est plus à l'hôtel et je suis assez embarrassé. Voulez-vous que je le renvoie à ces gens, en disant qu'il n'est plus là. Ou bien devrais-je vous le remettre ?

MARION : Non, mais je pense que c'est du courrier administratif pour le théâtre. Oui, c'est ça, je vais le prendre.

CONCIERGE : Bien, s'il y en a d'autre, je vous le remets de la même façon.

MARION : Oui.

CONCIERGE : Parfait.

MARION : Merci.

CONCIERGE : Je vous en prie. Au revoir Madame.

14. Appartement Marion. Hôtel. Intérieur soir.

Lorsque Marion entre, Yvonne, la femme de chambre de l'étage est en train de tirer les doubles rideaux.

MARION : Bonsoir Yvonne.

YVONNE : Bonsoir Madame. Vous dînez dans votre chambre ?

MARION : Non merci, j'ai déjà dîné au théâtre.

YVONNE : Bien, bonsoir Madame.

MARION : Bonsoir.

L'appartement de Marion se compose, soit de deux pièces (antichambre et chambre à coucher), soit d'une seule grande pièce, avec une entrée et une salle de bains. Il est meublé confortablement mais sans luxe excessif. La présence de nombreux livres, d'objets et de maquettes de costumes de théâtre lui donne un caractère personnel et fait oublier que nous sommes dans un hôtel.

Marion habite l'hôtel depuis plusieurs années. L'hôtel est situé sur les quais de la Seine.

Il est évident qu'une certaine familiarité existe entre Marion et la femme de chambre.

YVONNE : Il vous a téléphoné, le journaliste de *Reflets de Paris* ?

MARION : Non. Pourquoi ?

YVONNE : Eh bien, j'arrive à midi pour faire votre chambre, il était là, dans le couloir, avec un appa-

41

reil photo. Je lui ai dit que vous étiez pas là et il me dit : « ça ne fait rien, je veux juste photographier la chambre de Madame Steiner ». Je sais plus ce qu'il a dit encore... C'était pour un reportage : « les vedettes chez elles, dans leur intimité ». Moi, je l'ai pas laissé entrer. Je lui ai dit de vous téléphoner au Théâtre. Il l'a pas fait ?

MARION : Non.

YVONNE : Vous pensez que j'ai eu tort ?

MARION : Non, Yvonne, vous avez raison. J'ai horreur de ces petits journalistes qui fouinent partout.

Yvonne est déjà à la porte. Les deux femmes se disent bonsoir. À peine est-elle refermée, on voit Marion obstruer la porte avec un bourrelet de chiffon et placer son manteau de fourrure sur le lit en guise de couverture supplémentaire.

15. Cour puis Rue à côté de l'Entrée des Artistes. Extérieur jour.

Jacquot arrose ses plantations.

RAYMOND : Ben qu'est-ce que t'arroses là Jacquot, c'est quoi ? Des fleurs ?

JACQUOT : C'est pas des fleurs.

RAYMOND : C'est des légumes ?

JACQUOT : C'est pas des légumes. C'est pour mettre dans la pipe, avec une allumette, ça fait de la fumée.

RAYMOND : Tu sais que tu pourrais bien te retrouver en prison aussi, hein.

Raymond regarde sa montre.

RAYMOND : Qu'est-ce qu'elle fout, c'est pas vrai.

[[16. Coulisses, scène et salle. Intérieur jour.

Sur scène, une porte montée sur un châssis à roulettes est poussée à sa place par Raymond et Marc. C'est Arlette qui dirige les opérations, un croquis à la main.

ARLETTE : Pousse-toi Germaine, tu es exactement à la place de la porte.

Germaine s'excuse, prend le tabouret sur lequel elle est assise et recule dans les coulisses. Elle reprend son ouvrage de tricot.

Dans la suite du pano, nous découvrons Germaine en train de vérifier les dimensions de son tricot sur la poitrine de Bernard.

BERNARD : Non, non, ça ne me gêne pas du tout de faire de la figuration au cinéma, mais de toute façon, il faut attendre que les répétitions soient terminées.

GERMAINE : Oh, mon premier mari, il en faisait de la figuration. Il s'était fait faire toute une garde-robe, en payant, bien entendu, et il travaillait sans arrêt, il se faisait plus d'argent que beaucoup de comédiens. Tu sais, le danger, quand tu fais de la figuration ? Il arrive un moment où les régisseurs, les assistants disent : « Oh celui-là on en a marre. On le voit partout ». Et ils te prennent plus. Alors, Robert, il avait trouvé le truc, je te le dis parce que c'est très utile. Il se débrouillait pour aller jeter un coup d'œil sur le décor et il repérait tous les trucs derrière lesquels on peut se cacher : les colonnades, les recoins, les armoires, même derrière les plantes vertes. Bon, alors tu m'as compris, il pouvait y avoir quatre-vingts figurants, ou cinquante, ou même seulement vingt figurants sur le plateau, lui, il s'arrangeait pour qu'on ne le voie jamais…

43

Et quand il n'y avait rien pour se cacher, eh bien, il se mettait de dos, ça revenait au même. Et le soir, il recevait quand même son enveloppe. Alors, conseil numéro un : ne te fais pas repérer.

Pendant ce monologue de Germaine, nous avons vu Marion circuler à l'arrière-plan et se rapprocher du groupe. Elle intervient après la dernière phrase de son habilleuse, alors que Bernard s'écarte pour rejoindre Arlette qui l'a appelé.

MARION : Tu n'es pas folle, Germaine, de raconter des horreurs pareilles à ce garçon? *(elle tourne le dos à Germaine)*. Tiens, boutonne-moi ma robe. Un garçon comme Bernard Granger, il veut être acteur parce que c'est sa vocation, pas pour toucher une enveloppe tous les soirs. Comme tous les acteurs, il veut se montrer, se faire connaître, être remarqué, être applaudi aussi, pourquoi pas? On ne fait pas ce métier pour se cacher derrière des plantes vertes...

GERMAINE : Je lui expliquais seulement comment faisait Robert...

MARION : Oui, mais, ton Robert, c'était un bon à rien, tu le disais toi-même.

GERMAINE : C'était pire qu'un bon à rien, c'était un rien du tout. Heureusement, j'ai obtenu le divorce, en payant, bien entendu...]]

17. Coulisses. Scène et salle. Intérieur jour.

Dans la salle, Jean-Loup s'impatiente, tandis que Bernard tourne autour d'Arlette, occupée à construire les maquettes des décors. Arlette le repousse.

BERNARD : Oh! Incroyable, hein.

MARION : Jean-Loup qu'est-ce qui se passe, on répète ou pas?

JEAN-LOUP : On attend que Nadine arrive, elle va m'entendre celle-là.

18. Cour puis rue. Extérieur Jour.

À l'entrée du théâtre, Raymond voit Nadine arriver dans une voiture allemande.

RAYMOND : Tu as vu l'heure? C'est pour te balader avec les Boches que tu me fais engueuler par Jean-Loup?

NADINE : Ça va pas mon vieux... Je finissais une synchro, on avait pris du retard. Je n'allais quand même pas refuser, ils ont proposé de me raccompagner au Théâtre.

RAYMOND : Toi, rien ne t'arrête, hein? On t'aurait proposé un rôle dans «le Juif Süss», je parie que tu aurais accepté.

NADINE : Parfaitement, Monsieur. Seulement il n'y a pas de rôle pour une française.

Et Nadine se dirige rapidement vers l'Entrée des Artistes.

19. Scène et Salle. Intérieur jour.

Nadine arrive sur scène (par la coulisse ou par la salle) et, pour la première fois, nous voyons Jean-Loup en colère.

NADINE : Excusez-moi, Marion. Je suis vraiment désolée, Jean-Loup.

JEAN-LOUP : Oui, oui. Te presse pas. Ça fait une heure qu'on t'attend pour répéter. Tu sais qu'on n'est pas à ta disposition ma chérie. Qu'est-ce que t'as comme excuse aujourd'hui. C'est ton réveil qu'a pas sonné ?

NADINE : Non, on faisait une synchro.

JEAN-LOUP : Mais t'as pas à accepter tous les boulots qu'on te propose. Tu fais du théâtre alors les synchros, tu les laisses aux copines qui ont besoin de travailler.

MARION *(chuchotant à Jean-Loup)* : Mais elle aussi, elle a besoin de travailler.

JEAN-LOUP : Oui, mais elle m'emmerde.

NADINE : Eh bien moi, je ne laisse rien à personne et je suis bien décidée à accepter tout ce qu'on me propose. Je fais les émissions de radio le matin. À l'heure du déjeuner, je fais des doublages, et le soir, je frime à la Comédie-Française. Et puis tous les jeudis aussi, je joue Molière devant les enfants des écoles et si on me propose un rôle au cinéma avec deux lignes de texte, je dis oui. Je veux réussir et pour ça y a qu'un seul moyen : il faut tout accepter, se faire voir de plein de gens et rencontrer chaque jour des gens nouveaux. Et puis, si vous voulez me renvoyer, ben faites-le, parce que Guitry fait passer des auditions à la Madeleine et j'y suis dans une heure.

La véhémence de Nadine l'a conduite au bord des larmes.

[[20. Loge Marion. Intérieur soir.

Nous retrouvons Marion plongée dans ses papiers administratifs.
On frappe à la porte. C'est Bernard.

BERNARD : Je vous dérange, Madame Steiner?
MARION : Pas du tout Bernard, bonsoir, à demain.
BERNARD : C'est que... Je voulais vous dire... Hier soir, j'ai vu quelque chose de vraiment triste. Je suis allé au cinéma revoir «La Sonate à Kreutzer», parce que je voulais vous voir, Monsieur Steiner et vous...
MARION :... Et naturellement, je vous ai déçue...
BERNARD :... Non non, le film est très bien et très bien joué, mais sur le générique, on aurait dit que c'était fait avec de l'encre de Chine, il y a un nom qui a été rayé, pas le vôtre, celui de Lucas Steiner... Voilà... Je tenais à vous le dire...

Les dernières phrases de Bernard ont été dites en regardant Marion dans les yeux, avec un air de défi. Bernard quitte la pièce.

Jean-Loup, qui vient de répondre au téléphone dans le bureau, fait des signes pour attirer l'attention de Marion.

JEAN-LOUP *(la main bouchant l'écouteur du téléphone)* : Marion... J'ai pas dit que tu étais là... Pour le Gala au profit des Prisonniers... Deux jours à Berlin, tu pars le lundi matin, le mercredi tu es de retour ici... Ils comptent sur toi... *(Il fait une mimique dubitative).*

Marion fait nettement «non» avec le doigt.

Germaine, qui a enregistré la réaction négative de Marion, marque sa désapprobation, avant de quitter le bureau.]]

21. Bistrot. Extérieur jour.

À travers la vitre du bistrot, nous voyons Bernard en discussion avec Christian.

CHRISTIAN : T'as pensé à ce que je t'ai demandé ?

BERNARD : Oui, mais j'en ai trouvé que deux. Raoul Coquet, Fernand Coustal. Tu te souviens d'eux ?

CHRISTIAN : Coquet, c'est une bonne idée. On va l'appeler tout de suite. Coustal, je suis pas aussi sûr que toi : je vais le noter avec un point d'interrogation.

Tous deux tournent la tête au moment où Marion et Raymond sortent du Théâtre.

CHRISTIAN : C'est elle ?

BERNARD : Oui, c'est elle.

Vu par Bernard et Christian : Marion et Raymond échangent quelques mots et partent, chacun dans une direction opposée. Après quelques pas, Marion semble hésiter. Elle jette un regard derrière elle, puis vers le café. Elle fait un petit signe de la main aux deux garçons, continue son chemin et sort du cadre.

Pendant le manège-hésitation de Marion, nous sommes passés à l'intérieur du bistrot.

CHRISTIAN : Elle est encore drôlement belle !

BERNARD : Pourquoi «encore» ?

CHRISTIAN : Ben, «La Maison des Péchés»... c'était l'année de ma communion solennelle !

BERNARD : Comment. T'as vu «La Maison des Péchés» ? Mais comment t'as fait ?

CHRISTIAN : Non, j'ai pas vu. Mais j'ai piqué toutes les photos au Roxy, en particulier la fameuse photo !

Ils rient un peu ensemble à l'évocation de la fameuse photo.

BERNARD *(après un regard vers la rue)* : C'est vrai qu'elle est belle, mais... mais... Elle est pas nette

cette femme… Il y a quelque chose de pas net…
Allez viens, on va téléphoner va.

*Christian et Bernard se lèvent pour téléphoner. On les
entend (off) demander :* «Un jeton s'il vous plaît».

*À présent, dans la rue déserte, nous voyons arriver
Marion qui a manifestement rebroussé chemin.*

*Elle avance prudemment, jette un regard vers la vitre du
bistrot. Rassurée de ne plus apercevoir Bernard et son
copain, Marion entre dans la petite cour du théâtre.*

22. Entrée des Artistes et couloir. Extérieur soir.

*Marion, arrivée à l'Entrée des Artistes, jette un nou-
veau coup d'œil vers la loge de la concierge comme
pour s'assurer que personne ne la voit. Elle ouvre rapidement la porte et la referme à clé derrière elle.*

*Elle sort de son sac une lampe électrique avec laquelle
elle éclaire son chemin jusqu'à la réserve d'accessoires
de Raymond : sa lampe passe sur les rayonnages où se
trouve tout un bric-à-brac jusqu'à ce qu'elle révèle ce
que Marion cherchait : une lampe-tempête.*

*Marion allume la lampe-tempête et revient sur ses pas,
jusqu'à une porte en fer, proche de la sortie. Elle décroche
une clé placée sur un clou et ouvre la porte qui donne sur
un escalier, toujours éclairé par sa lampe-tempête.*

23. Cave Lucas. Intérieur nuit

*Arrivée en bas des marches, Marion, la lampe-t e m-
pête à la main, fait encore quelques pas et s'immobilise. Nous allons rester sur elle pendant le court*

échange de répliques qui nous permet de deviner la présence clandestine de Lucas Steiner dans la cave.

[LUCAS *(off)* : Pourquoi tu n'as pas allumé ?

MARION : Je t'expliquerai. Raymond se doute de quelque chose. Il croit que quelqu'un s'est branché sur le théâtre pour nous voler de l'électricité.

LUCAS *(off)* : D'habitude, j'aime le moment où l'électricité est coupée parce que cela veut dire que tu vas arriver mais aujourd'hui, c'était long. Ma montre arrêtée, je n'ai plus idée de l'heure. Pourquoi tu ne viens pas ? Viens, viens m'embrasser.

Marion quitte le cadre et nous révélons enfin le visage de Lucas au moment où celui de Marion s'en approche. Ils échangent un long baiser.

Au moment où ils se détachent l'un de l'autre, nous découvrons la cachette de Lucas : deux caves contiguës et communicantes, avec quelques marches, quelques recoins et deux gros piliers de pierre.

Les deux caves ne doivent pas former un rectangle parfait, plutôt une disposition en forme de L ou de T. Ameublement provisoire. Dans un coin, un matelas, deux couvertures et un sac de couchage. Près de ce lit improvisé, une table de nuit, constituée d'une caisse de bois renversée : on y voit des livres et une soucoupe avec des mégots. Au sol, un fil électrique avec rallonge, relié à un poste de T.S.F. Ici et là, des journaux et des livres. Le seul objet qui nous soit déjà familier, le jambon que Marion a acheté à Raymond, est pendu au plafond.

À présent, nous voyons Marion et Lucas s'activer dans la cave, chacun de leur côté, en même temps qu'ils par-

lent. Lucas ramasse son linge, Marion vide le cendrier,
tout en triant les précieux mégots.

LUCAS : Il faut trouver une solution parce que...
On s'habitue à tout, mais je ne peux pas rester
dans le noir...

MARION : Il n'est pas question que tu restes dans
le noir. J'ai été idiote avec Raymond, quand il m'a
questionnée. Il m'a demandé si j'étais revenue
hier dans le théâtre, j'ai dit non.

LUCAS : Il fallait dire que tu étais revenue travailler dans ton bureau...

MARION : Oui, c'est ce que je dirai maintenant.
Et tous deux remontent l'escalier.]

LUCAS : De toute manière, il n'y en plus pour
longtemps.

MARION : J'ai une mauvaise nouvelle pour toi,
Lucas.

LUCAS : La propagandastaffel interdit la pièce?

MARION : Non mais tu ne peux pas partir dans
huit jours, la filière qu'on m'avait donnée n'est
pas bonne.

LUCAS : Mais, tu m'avais dit que c'était sûr...

MARION : Mais ce n'est jamais sûr. En fait, le type
qui faisait passer les gens à côté de Nevers, eh bien
il s'est fait arrêter. Alors j'ai peut-être une autre
solution, mais j'hésite.

LUCAS : Pourquoi? Il peut se faire arrêter lui aussi?

MARION : Oh non, non c'est pire que ça... Il y a
des passeurs, des soi-disant passeurs qui prennent
de l'argent et qui, après, arrêtent leur camion juste
devant la Kommandantur... Tu vois ça d'ici...

LUCAS : Comme ça ils touchent des deux côtés,
hé hé...

51

MARION : Et puis, tu n'es pas un client ordinaire : puis y'a beaucoup de gens qui connaissent ta tête et puis il y a ton accent... Non, il faut que tu te prépares à passer plusieurs semaines ici. Ça ira ? Tu pourras tenir ?

LUCAS : Bien sûr que je pourrai tenir... Il le faut. Mais je déteste me sentir inutile, paralysé, coincé. Tu as parlé à Jean-Loup ? Il va nous aider ?

MARION : Écoute, j'ai réfléchi. Mais je préfère ne rien dire à Jean-Loup. Il connaît trop de gens. Il va partout, il parle, il blague... Ce serait trop grave... Tu sais combien de dénonciations de Juifs arrivent par jour à la police ?... Dis un chiffre !

LUCAS : Je sais pas, moi... Trois cents ?

MARION : Quinze cents ! Quinze cents lettres par jour ! Mon patron est juif, mon voisin est juif, mon beau-frère est juif... Non, tout le monde te croit parti, tout le monde, il faut continuer comme ça et que je reste seule à m'occuper de toi...

À présent, Lucas prend le seau hygiénique et monte l'escalier (en fin de cadre, on voit les jambes de Marion et la tête de Lucas).

LUCAS : Tu crois que je te fais passer devant moi par politesse ? Eh bien pas du tout : c'est pour regarder tes jambes.

24. Couloir et scène. Intérieur soir.

Marion et Lucas arrivent. Marion referme la porte. Elle verrouille la porte métallique.
À présent, elle relève le levier du compteur électrique.

LUCAS *(se dirigeant vers la scène)* : Mehr Licht,

attends, je veux respirer l'odeur de la scène, attends-moi.

Il revient. Maintenant, la lumière est rétablie. Nous allons suivre Marion et Lucas.

Tout en marchant, Lucas parle à Marion.

LUCAS : Dans la cave, je sais tout ce qui se passe dans le théâtre. Le matin, quand la lumière baisse un peu, je me dis : « Ah ça y est, la répétition commence ». Ensuite quand la clarté est plus forte, je sais que vous êtes partis déjeuner et puis, le soir, quand je suis dans le noir, je me dis : « Dans cinq minutes, Marion sera là ». Il y avait la même situation dans la pièce que j'ai vue à Londres, il y a trois ans. Le soir, le mari faisait semblant de quitter la maison, mais, presque aussitôt, la lumière du gaz faiblissait et l'on comprenait que le mari était revenu et qu'il était dans le grenier, en train de fouiller je ne sais quoi. Tu te souviens ? J'avais failli acheter les droits.

Lucas agissait en même temps qu'il parlait et nous l'avons donc vu au passage entrer dans les lavabos du couloir-loges, vider le seau hygiénique et tirer la chasse d'eau. Par la vitre de la porte du bureau de Marion, nous la voyons fermer le verrou et allumer la lumière.

25. Bureau. Loge Marion. Intérieur soir.

Nous retrouvons Marion dans sa loge : elle a allumé des bougies pour égayer le repas qu'elle confectionne pour eux deux.

Elle parle un peu fort pour se faire entendre de Lucas qui est en train de prendre une douche.

MARION : Il était très content au Grand-Guignol... Mais enfin, il est aussi très content d'être avec nous... Tu sais, il est un peu dans le genre Gabin dans «La Bête Humaine», très physique, en même temps, il a une grande douceur. Mais tu sais que c'est à cause de toi qu'il a voulu faire du théâtre. *Elle va lui porter une serviette de bain et, au passage, veut ramasser le linge sale de Lucas qui proteste.*
LUCAS : Non, non, ça, je le fais moi-même. Raconte-moi plutôt comment marche le boulot?
MARION : Jean-Loup se débrouille très bien, mais aujourd'hui, ça m'a fait plaisir parce qu'il a été capable de se mettre vraiment en colère.

26. Appartement Jean-Loup. Intérieur soir.

MARC : Allô... Bonsoir, Monsieur Daxiat, oui, je vous le passe tout de suite. Jean-Loup, c'est pour vous, c'est Daxiat.
JEAN-LOUP : Qu'est ce qu'il veut à cette heure-ci?
Marc : Je ne sais pas.
JEAN-LOUP : Allô... Daxiat? Qu'est ce qui se passe?

[27. Appartement Jean-Loup. Intérieur soir.

Gros plan d'un téléphone qui sonne. Marc vient le décrocher et répondre.
MARC : Allô... Oui, je l'appelle. *(Il se retourne vers l'intérieur de la pièce).* Jean-Loup, c'est pour vous.
Jean-Loup vient remplacer Marc au téléphone.

JEAN-LOUP : Allô... Marion, qu'est ce qui se passe?

On n'entend pas ce que lui dit Marion, mais on le devinera aux réponses de Jean-Loup.

JEAN-LOUP : Mais je croyais que tu étais d'accord? On a dit qu'on cherchait quelqu'un. Je peux régler le problème demain, j'ai déjà une liste de noms : tu veux que je te les lise?

MARION : *(Il n'est pas nécessaire de l'entendre).*

JEAN-LOUP : Mais moi, si j'ai fait ça, c'est surtout pour mieux m'occuper de chaque comédien...

28. Loge Marion. Intérieur soir.

Lucas, l'écouteur à l'oreille, finit de griffonner quelque chose sur une feuille de papier qu'il tend à Marion.

MARION *(tout en lisant)* : J'ai relu les notes de Lucas, il tenait absolument à ce que <u>tu</u> joues le rôle.

JEAN-LOUP : *(On ne l'entend pas).*

MARION *(lisant un autre message que Lucas vient de lui passer)* : Non, parce que c'est un faux-bon rôle. Il faut le jouer avec modestie.

JEAN-LOUP : *(Indistinct).*

MARION : Non, lui justement, c'est exactement le contraire de ce qu'il nous faut. *(Mime expressif de Lucas).* Il va essayer de tirer la couverture à lui.

JEAN-LOUP : *(Pas entendu).*

MARION : Tu as raison. Je suis certaine que les autres penseront comme moi. On sera tous très contents de jouer avec toi. À demain, mon chéri.]

29. Loge Marion. Intérieur nuit.

Marion raccroche avec un sourire complice à Lucas et entreprend de débarrasser le reste du dîner, tout en tenant Lucas au courant de ce qui se passe à Paris dans le milieu théâtral : les répétitions de «La Reine Morte» à la Comédie-Française dont le doyen Jean Yonnel vient d'être pris à partie par Daxiat (voir son portrait sur le journal) qui le soupçonne d'être roumain d'origine juive.

Lucas demande à Marion comment elle réussit à se tenir ainsi au courant de tout. Elle explique à Lucas que le «dernier métro» est devenu le dernier salon où l'on cause. Tous les comédiens et les gens de spectacle s'y retrouvent le soir et échangent leurs informations. C'est d'ailleurs là que Marion a rencontré les camarades de la Comédie-Française…

MARION : On ne parlait que de ça hier dans le dernier métro : les répétitions de «La Reine Morte» à la Comédie-Française vont peut-être s'arrêter…

LUCAS : Pourquoi? Montherlant est juif?…

Marion rit, puis :

MARION : Tu n'es pas tombé loin. Daxiat se propose de bientôt révéler toute la vérité sur les juifs qui s'incrustent encore à la Comédie-Française. D'après Daxiat, Jean Yonnel serait un juif roumain.

LUCAS : Je ne sais pas si Yonnel est juif, demi-juif ou quart de juif, ce que je sais c'est qu'il a tort de rester. Ce qu'il faut c'est fuir, fuir au bout du monde, loin des fous. Ce sont des fous tu comprends, des <u>fous</u>. Pas seulement en Allemagne mais ici, Daxiat et les autres : des fous!

[[Goebbels était metteur en scène de théâtre en 1925-26. Il avait fondé une troupe pour nettoyer les salles allemandes de l'ordure juive. On en pleurait de rire dans les cafés de la Friedrichstrasse, ce nabot nous faisait rire, son projet nous faisait rire, ses amis nous faisaient rire... Mon frère, lui, n'a pas ri, il m'a dit : il faut partir, partir... le plus loin possible... Il est parti au bout du monde... Moi aussi je suis parti quelques années après lui, mais moi j'ai cru qu'une seule frontière entre eux et moi suffisait...

MARION : Tu regrettes de ne pas être avec ton frère en Australie ?

LUCAS : Il n'a pas été directement en Australie, il est resté deux ans à New York.

MARION : Et qu'est-ce que tu ferais à New York ?

LUCAS : Du théâtre !...

MARION : Sans moi ?

Lucas ne répond pas.

MARION : On ne se serait jamais rencontrés...

Lucas approuve, puis :

LUCAS : Peut-être tu aurais rencontré quelqu'un d'autre ?

MARION : Peut-être...

LUCAS : Et moi je ne serais pas caché comme un rat dans un placard...

MARION : Et alors on n'est pas bien dans notre petit placard ?...

LUCAS : Si tu t'y caches avec moi ça va...

MARION : Tu es pas triste ?

Elle l'enlace. Il est au bord des larmes.]]

MARION : Tiens, tu voulais savoir à quoi ressemble Bernard Granger. Regarde.

LUCAS : Parfait, il est parfait et puis avec lui au moins, pas de souci à se faire, il a une bonne tête de goy.

MARION : Mais dis donc toi, qu'est-ce que tu as contre les goys ?

LUCAS : Rien contre, surtout avec des petites jupes et des cheveux longs.

MARION : Ah raciste, sale raciste. Ma mère m'avait bien dit que je serai jamais heureuse avec un juif.

Ils ont déplié le divan-lit, tout indique qu'ils vont faire l'amour.

[[29a. Loge Marion. Intérieur Soir (Scène additionnelle).

Marion, couchée sur le divan, ouvre un œil et demande :

MARION : Lucas, qu'est-ce que tu fais ?

LUCAS *(off)* : Il est sept heures, je retourne à la cave.

MARION : Oh déjà… Viens…

Il entre. Ils s'embrassent. Lucas se sépare.

MARION : Attends, attends…

LUCAS : J'attends.

Ils s'embrassent à nouveau.

MARION : Tu as l'air triste. Tu es triste ?

LUCAS : Non c'est un vieux truc juif. On s'arrange toujours pour se faire plaindre. Comme ça les femmes nous tombent dans les bras.

Sur le lit, en guise de couverture, le manteau de fourrure de Marion.]]

30. Coulisses. Scène et salle. Intérieur jour.

Les répétitions ont repris.

NADINE (Harriett) : Vous savez Carl, si vous voulez rester longtemps dans cette maison, il y a un nom qu'il ne faudra jamais prononcer, celui de Charles-Henri… *(Carl ne répond pas. Elle poursuit).* J'avais une nouvelle robe hier soir. Tout le monde l'a remarquée, sauf vous. Vous deviez avoir l'esprit ailleurs…

JEAN-LOUP : Oui, oui, c'est bien Nadine. C'est bien. Je vais peut-être te demander simplement de t'approcher un peu de Bernard à ce moment-là et puis on va te donner une lampe que tu poseras sur la table. Hein, Raymond, au lieu de t'agiter, tu veux aller me chercher une lampe. Voilà. Allez-y mes enfants, enchaînez.

NADINE (Harriett) *(en s'approchant de Bernard)* : Vous n'allez pas oser me dire, à moi, que vous avez trop de travail ?

BERNARD (Carl) : Je le sais, Harriett, votre travail est plus dur que le mien, mais certaines personnes dans cette maison auraient intérêt à s'occuper uniquement de leur travail.

NADINE (Harriett) : Pourquoi est-ce que vous me dites ça ?

BERNARD *(pince-sans-rire)* :… Parce que… C'est dans la pièce !

Nadine s'apprête à protester contre le côté blagueur de son partenaire, mais elle s'aperçoit que Bernard a détourné son visage vers le fond de la salle où un rectangle de lumière vient de se dessiner. Nadine à son tour regarde dans la même direction. Jean-Loup lui

aussi se retourne pour voir ce qui a dérangé ses comé-
diens : il reconnaît Daxiat qui vient d'entrer dans la
salle.

Jean-Loup lui fait de loin un signe de la main, puis se
retourne vers Marion à qui il parle à voix basse :

MARION : J'ai bien vu ?

JEAN-LOUP : Oui, oui. C'est Daxiat, va lui dire
bonjour. Puis sois aimable et n'oublie pas de le
remercier c'est quand même lui qui nous a obtenu l'autorisation de la censure.

MARION : Mais oui. Ne t'inquiète pas. Bien sûr, je
vais y aller.

Marion quitte Jean-Loup et se dirige vers Daxiat.

MARION : Bonjour.

DAXIAT : Bonjour Madame Steiner.

Sur la scène, Bernard et Nadine à voix basse.

BERNARD : Qui c'est celui-là ?

RAYMOND : Vous le connaissez pas ? Ça c'est
« l'inspecteur des travaux finis »... C'est Daxiat, le
critique de *Je suis partout*...

NADINE : Ah, c'est lui Daxiat ? Moi, je l'imaginais
pas du tout comme ça... Oh, j'aimerais bien lui
être présentée.

BERNARD : Ben, tu n'es pas dégoûtée toi, au
moins.

NADINE : Mais il est vachement important. On dit
qu'il va bientôt diriger la Comédie-Française.

À présent, nous nous rapprochons de Marion et de
Daxiat que Jean-Loup a rejoints.

DAXIAT : Je vais vous dire quelque chose qui va
peut-être vous paraître étrange venant de moi,
mais je pense que votre mari Lucas Steiner a eu
tort de quitter la France. Les nouvelles lois contre

60

les israélites dans le spectacle concernent les magouilleurs, les affairistes, les trafiquants. Votre mari, Madame Steiner, était une perle rare, il était le seul Directeur de théâtre israélite...

MARION *(le coupant)* :... Vous pouvez dire : juif.

DAXIAT : Oui... Il était le seul qui était en même temps un chef, un directeur de troupe et un artiste... Voyez-vous les Allemands sont très attachés à la culture, très. Ils ne souhaitent pas que les talents quittent la France. Enfin, pour ce qui est de votre pièce «La Disparue», je me fais aucun souci, je suis sûr que Jean-Loup Cottins est l'homme de la situation.

Nous retournons sur la scène où Germaine vient d'entrer. Elle aperçoit, de loin, Daxiat, et semble troublée. Elle réfléchit et part rapidement en coulisses.

31. Sur la scène. Intérieur jour.

Germaine revient sur la scène et semble désemparée. Raymond se trouve là, tenant à la main une lampe à pétrole, et en train de raconter à Bernard comment il a dirigé vers la mauvaise direction, hier soir, un soldat allemand qui lui demandait le chemin des Folies-Bergères : «À l'heure qu'il est, il doit encore errer autour de la gare du Nord!».

Germaine prend la lampe des mains de Raymond et elle s'avance vers Marion et Daxiat.

Marion, voyant Germaine se tenir près d'elle, comprend qu'elle veut lui dire quelque chose. Marion s'écarte de Daxiat, délibère rapidement avec Germaine et revient vers Daxiat.

MARION : Oui, bien sûr. Vous connaissez Germaine Fabre, mon habilleuse ? Elle est avec moi depuis toujours, elle voudrait vous demander quelque chose.

DAXIAT : Oui, bien sûr... En effet je connais Madame... Bonjour !

GERMAINE : D'avance je vous dis merci, Monsieur Daxiat. C'est au sujet de mon fils. Il était au Stalag A.42 et maintenant il est au A.17. Oh bien sûr, il ne fait pas partie de la catégorie « Soutien de famille », mais tout de même...

À ce moment, on suit Marion qui rejoint Jean-Loup.

MARION : Mais pourquoi il est venu ici, Daxiat ?

JEAN-LOUP : Il aime bien renifler l'ambiance des répétitions... Il ne fait ça que pour les pièces qui l'intéressent, tu sais.

MARION : Mais alors, il va écrire un article ?

JEAN-LOUP : Il écrira ou il écrira pas.

MARION : Eh bien tu vois, je préférerais qu'il nous oublie un peu... moi, chut, attention...

GERMAINE : Est-ce que je peux vous montrer le dossier ?

DAXIAT : Oui, oui, très bien, je le transmettrai, avec une petite recommandation.

GERMAINE : Oh, je vous en serai reconnaissante toute ma vie, Monsieur Daxiat... Regardez, on est tous catholiques dans la famille...

DAXIAT : Ah oui.

GERMAINE : Voilà les preuves...

DAXIAT : Bon, très bien, très bien, j'en prendrai le plus grand soin...

GERMAINE : Merci.

Jean-Loup en haut de l'escabeau qui mène à la scène,

attend Daxiat pour lui présenter deux ou trois per-
sonnes et lui faire un brin de conduite.

Bernard, comme s'il voulait éviter d'avoir à serrer la
main de Daxiat, effectue quatre pas à reculons et
entreprend un exercice de culture physique.

JEAN-LOUP : Bon, je vous présente tout notre petit monde.

DAXIAT : Oui.

JEAN-LOUP : Alors voilà Nadine Marsac, qui est, à mon avis, la meilleure élève du cours Simon. Elle joue Harriett, la soubrette. Arlette, vous connaissez. Bernard Granger, notre jeune premier, voilà, transfuge du Grand-Guignol, comme vous pouvez vous en apercevoir.

DAXIAT : C'est lui qui joue le rôle de Carl ?

JEAN-LOUP : Oui, oui.

DAXIAT : Tiens, je l'aurai plutôt imaginé dans le Singe Velu.

JEAN-LOUP : Oui, Oh, mais... Et puis Raymond qui va vous raccompagner.

On reste un moment sur Nadine et Jean-Loup pendant la sortie de Daxiat et de Raymond.

NADINE : Dis moi Jean-Loup, il n'aime pas les femmes ton Daxiat ? Il m'a à peine regardée.

[JEAN-LOUP : D'abord c'est pas <u>mon</u> Daxiat, ensuite, ce type-là, il n'aime pas les femmes, il n'aime pas les hommes, il n'aime que la nourriture, c'est un gastronome.]

32. Couloir théâtre près de la Sortie des Artistes. Intérieur jour.

En avançant dans le couloir, Raymond et Daxiat passent éventuellement devant la porte de fer qui mène à la cave
Juste avant d'arriver à la porte de sortie, Raymond entraîne Daxiat vers un recoin et lui désigne un objet.

RAYMOND : Monsieur Daxiat, vous permettez que je vous pose une colle ?

DAXIAT : Une colle ?

RAYMOND : Ouais, une colle. Regardez ! Ça, comment vous appelez ça, vous ?

DAXIAT : Une canne à pêche.

RAYMOND : C'est ça, alors on dit aussi une gaule hein, et puis si j'en mets une autre à côté, et voilà hé, ça fait De Gaulle.

DAXIAT : Bravo Raymond, vous êtes très spirituel.

Ils se quittent. Raymond revient et continue à rire tout seul.

33. Salle du journal *Je suis partout*. Intérieur jour.

Daxiat parle devant un micro.

Je vous parle devant les rotatives de ce modeste journal qui continuera de crier la vérité ! Oui, le théâtre de France doit être purgé des juifs depuis les combles jusqu'au trou du souffleur. Car si on laissait un souffleur juif au théâtre lyrique de Ménilmontant, on risquerait trop de le retrouver un jour dirigeant les destinés de l'Opéra.

Il faut pousser le juif hors de la scène, hors des coulisses et qu'il ne puisse jamais y remettre les pieds. Le juif ne devra plus jamais posséder, diriger, administrer un théâtre parce que tous les juifs qui l'ont fait y ont apporté leurs pratiques fourbes et malpropres.

Que ces Messieurs le sachent bien, la France est perdue pour les juifs. Et cela ne veut-il pas dire que pour les français, elle est sauvée au trois quarts.

34. Bureau. Loge Marion. Intérieur soir.

On passe de la radio à Marion qui termine d'écouter Daxiat.

Marion est à son bureau. Elle remet à son expert-comptable, M. Merlin, une liasse de documents financiers concernant le Théâtre.

MERLIN : Voici ce que vous m'avez demandé Madame Steiner. J'ai vérifié, le compte y est. Mais si vous en avez besoin autant chaque mois, ça sera difficile.

MARION : Mais qui vous parle de chaque mois, c'est tout à fait exceptionnel.

MERLIN : Ah bon, dans ce cas-là pas de problème, au revoir Madame Steiner.

MARION : Au revoir.

Dans la porte, il croise Arlette accompagnée d'une petite jeune fille.

MERLIN : Bonjour Mademoiselle.

ARLETTE : Bonjour Monsieur Merlin. Entre. Marion, je te présente la petite Rosette.

MARION : Bonjour Rosette.

ROSETTE : Bonjour.

ARLETTE : Rosette, tes échantillons, tu les poses sur le bureau et tu rentres chez toi.

Du point de vue de Marion, nous découvrons que la petite porte l'étoile juive cousue sur sa petite veste.

MARION : Quel âge as-tu Rosette ?

ROSETTE : Je vais avoir quatorze ans dans trois mois.

MARION : Tu travailles avec Arlette, alors tu ne vas plus à l'école…

ROSETTE : Non, je n'avais plus envie.

MARION : Ça te plaît de faire des costumes de théâtre ?

ROSETTE : Oui, Madame.

MARION : Alors, tu viendras voir la pièce ?

ARLETTE : Écoute, Marion, elle ne peut pas aller au théâtre. *(Elle montre de la main l'emplacement de l'étoile juive).* Cette petite ne sort pas le soir !

ROSETTE : Si, je peux sortir le soir. Il y a trois mois, on m'avait donné une place, je suis allée voir Edith Piaf à l'A.B.C. J'avais mis mon écharpe comme ça, en bas, coincée dans ma ceinture, ça a très bien marché.

ARLETTE : Bon ben, on en reparlera plus tard. Rentre chez toi Rosette, tu as vu l'heure ?

ROSETTE : Au revoir M'dame.

Rosette salue et s'en va. Arlette se tourne vers Marion.

MARION : Au revoir.

ARLETTE : Au revoir Rosette.

ARLETTE : Écoute, tu as de drôles d'idées, parfois, Marion. La petite, elle n'oubliera rien, elle voudra venir voir la pièce et, comme ses parents ne peuvent rien lui refuser, c'est à moi qu'ils vont s'en plaindre.

MARION : Excuse-moi, je suis désolée. J'ai voulu être gentille parce que... Ses parents sont français?

ARLETTE : La petite est née à Paris, mais ils sont Polonais. Le père est culottier, il travaille chez lui, enfin, dans un grenier. C'est la petite qui fait les livraisons parce que lui, il peut pas sortir dans la rue, il a un accent à couper au couteau.

MARION : Un accent comme Lucas?

ARLETTE : Bien plus fort que Lucas, et puis il ne connaît pas trente mots de français. Alors si un Allemand lui demandait son chemin dans la rue, il serait grillé. Non, il reste enfermé chez lui, et c'est sa femme qui s'occupe de tout.

MARION : Mais, il n'a pas peur des dénonciations? Ils n'essayent pas de passer en zone libre?

ARLETTE : Bien sûr qu'ils aimeraient s'en aller. Mais tu sais, ça coûte les yeux de la tête et ces gens-là n'ont pas d'argent.

Marion et Arlette ont échangé tout ce dialogue en rangeant leurs affaires, fermant leur sac à main, passant leur manteau. Elles quittent donc la pièce après la dernière réplique.

ARLETTE : Qu'est-ce que tu fais ce soir?

MARION : Rien de spécial, je rentre.

ARLETTE : Alors, je t'invite à dîner.

MARION : Je suis désolée, je ne peux pas.

ARLETTE : Mais enfin Marion, tu peux pas passer toutes tes soirées seule comme ça.

MARION : Je dois rentrer, je rentre.

Elle coupe la lumière au compteur.

35. Cave Lucas. Intérieur nuit.

Nous retrouvons Lucas et Marion dans la cave au milieu d'un amoncellement d'objets et de vêtements. Il s'agit des préparatifs pour le départ de Lucas.

Marion remplit le sac à dos de Lucas pendant que celui-ci classe des papiers et entasse des manuscrits.

Lucas regarde le bordereau des recettes parisiennes.

LUCAS : J'ai lu tout ça, Madame la Directrice. Il n'y a rien pour nous, là-dedans. Le mieux c'est de les renvoyer, mais n'oublie pas de retirer chaque fois la note de lecture et de les brûler toutes parce que c'est mon écriture, tout de même...

MARION : Bon, d'accord, ce sera fait. Maintenant, il faut que je t'explique. Pour l'argent, j'ai préparé trois liasses de billets. La première c'est pour le convoyeur qui t'emmène à Vierzon.

LUCAS : Convoyeur, on dit comme ça ?

MARION : Oui, le convoyeur, il faut le payer, au moment où tu montes dans le camion. On m'a promis que tu seras confortable, c'est un camion de déménagement, tu seras au milieu des meubles.

LUCAS : Je serai dans un fauteuil, comme un ministre.

MARION : Non, écoute-moi bien, Lucas, c'est sérieux. La deuxième liasse, c'est pour le fermier qui te fait passer la ligne de démarcation. Sa propriété fait trente-deux hectares et, il a la chance d'être à cheval sur la ligne. Au bout de la propriété, tu es en zone libre.

LUCAS : Laisse-moi deviner : la troisième liasse c'est pour l'Espagne ?

MARION : Oui, mais attention, c'est pour l'Espagne et pour le reste. Alors, comme ça sera peut-être pas assez, je t'ai apporté un petit sac.

Lucas ouvre le petit sac de daim serré en haut et le rend.

LUCAS : Non Madame, pas les bijoux, pas les bijoux !

MARION : Tu en auras peut-être besoin.

LUCAS : Moins que toi... Tu les amènes quand tu me rejoins... Parce que je veux que tu viennes me rejoindre, le plus tôt possible.

MARION : Oui, mais pour sauver les apparences, il faut quand même que je joue les cent premières représentations...

LUCAS : Mon Dieu ! Quelle confiance ! Tu crois que vous irez jusqu'à la centième ? Ça fait six mois... En tout cas, je veux que tu viennes après la cinquantième, pas plus tard.

MARION : Après la cinquantième, j'annonce que j'ai un voile au poumon et je me fais remplacer. J'explique tout à Jean-Loup, je lui confie la gérance du théâtre, et je fais semblant de partir pour le sanatorium. Je te rejoindrai, là où tu seras...

LUCAS :... Et on recommencera tout.

Après avoir rangé ses bijoux, Marion, continuant de s'activer, a fait asseoir Lucas sur un tabouret, lui a passé une serviette autour du cou et a entrepris de lui couper les cheveux, Lucas sort d'une boîte d'accessoires (où se trouvait le matériel de maquillage et de coiffure) un faux-nez de juif, en carton ou en plastique.

MARION : Écoute, je suis pas coiffeuse, arrête, arrête de bouger, j'y arrive pas. Oh écoute, enlève ça, c'est horrible.

LUCAS : J'essaie de me sentir juif. C'est très délicat les rôles de juif. Si tu en fais juste un peu, on dit : «il exagère». Si tu en fais beaucoup, on dit : «il a pas l'air juif». Qu'est-ce que c'est : «Avoir l'air juif»?

MARION : C'est à moi que tu demandes ça? Arrête de bouger.

LUCAS : Écoute Marion, écoute, j'adore cette chanson. En effet, le poste de TSF diffuse une chanson d'amour à la mode, «Mon amant de Saint-Jean» :

Radio :   Il ne m'aime plus
                 C'est du passé
                 N'en parlons plus.

36. Rue théâtre Sortie des Artistes. Extérieur jour.

La porte de la «Sortie des Artistes» s'entrouvre et Jean-Loup Cottins apparaît. Il se dirige vers la rue. Le petit Jacquot que nous connaissons (il est l'enfant des concierges), arrose ses plantations.

JEAN-LOUP : Ça va la culture?

JACQUOT : Ouais, ouais.

JEAN-LOUP : Ça pousse?

JACQUOT : Ouais.

Jean-Loup s'éloigne, puis, il jette un regard en arrière et revient sur ses pas, vers Jacquot.

JEAN-LOUP : Jacquot, dis donc Jacquot.

JACQUOT : Oui.

JEAN-LOUP : Tu veux répéter une phrase après moi?

JACQUOT : Oui.

JEAN-LOUP : Tu veux bien?

JACQUOT : Bon.

JEAN-LOUP : Bon, alors essaye de dire «Maman, tu crois qu'il va revenir Monsieur Carl?».

JACQUOT : Maman, tu crois qu'il va revenir Monsieur Carl?

JEAN-LOUP : C'est bien. Et puis «Parce que j'apprends bien avec lui».

JACQUOT : Parce que j'apprends bien avec lui.

JEAN-LOUP : Très bien.

37. Place du théâtre. Extérieur fin de jour.

Arrivant vers le Théâtre, Marion croise un groupe de passants qui se sont arrêtés pour écouter un chanteur des rues qui a entonné «Mon Amant de Saint-Jean». Marion revient sur ses pas pour l'écouter un moment avant de faire signe à une petite acolyte du chanteur qui passe dans les rangs des spectateurs en proposant le feuillet imprimé qui reproduit les paroles de la chanson. Des passants ont reconnu Marion, elle s'éclipse rapidement.

Jean-Loup aperçoit, au bout de la rue, Marion qui vient vers le théâtre. La caméra panoramique pour montrer Jean-Loup revenant une nouvelle fois sur ses pas et parlementant avec Jacquot, sans que nous puissions entendre leur dialogue.

À présent, c'est le petit Jacquot qui se dirige vers la rue, à la rencontre de Marion, devant qui il s'arrête.

MARION : Bonjour Jacquot.

JACQUOT : Maman, est-ce qu'il va revenir Monsieur Carl?

MARION : Pourquoi est-ce que tu me dis ça ?
JACQUOT : Parce que je travaille bien avec lui.
MARION : Qu'est-ce que tu me racontes ?
JACQUOT : C'est lui qui m'a dit de le dire.
MARION : Mais lui qui ?
JACQUOT : Lui.
Marion vient d'apercevoir, fugitive, la silhouette de Jean-Loup qui n'a pu s'empêcher de risquer un œil pour vérifier le résultat de son test. Marion a compris. Elle éclate de rire.

38. Scène et coulisses. Intérieur jour.

Sur scène, la plantation du pseudo-décor est un peu plus élaborée : deux fausses portes, l'une côté cour, l'autre côté jardin, non loin d'un élément de décor qui indique le recoin de la fenêtre. Assis à la table de ping-pong, le petit Jacquot fait semblant de finir ses devoirs. Près de lui, Marion brode.
NADINE (Harriett) : Je peux vous laisser Madame ? Je vais préparer la chambre de Monsieur Eric.
MARION (Helena) : Je vous en prie, Harriett... Et n'oubliez pas la pommade pour sa main gauche...
JACQUOT (Eric) : J'ai tout fini, maman.
MARION (Helena) : C'est bien, Eric. Tu peux aller te coucher maintenant.
Jean-Loup entre sur scène pour guider Jacquot.
JEAN-LOUP : Voilà, tu vas vite vers l'escalier, vers la porte, voilà, tu t'arrêtes sur la seconde marche, voilà, ne tombe pas, et tu te remets là pour dire ta phrase, hein.

JACQUOT : Est-ce qu'il va revenir Monsieur Carl ?
MARION (Helena) : Je ne sais pas, mon petit. Qu'est-ce que tu crois ?
JACQUOT (Eric) : Moi, je crois qu'il va revenir... Et puis j'apprends bien avec lui.
Jacquot sort par la fausse porte côté cour. Germaine le réceptionne.
JEAN-LOUP : Bon c'est bien ! Bravo Jacquot ! Maintenant, nous savons qu'il y aura au moins un bon acteur dans cette pièce.
Diverses mimiques faussement indignées de la part des comédiens : « Bravo ! – Très aimable ! – Ça fait toujours plaisir ! etc. ».

39. Couloir loges. Intérieur soir.

Dans le couloir, Germaine salue Raymond avant de partir.
GERMAINE : Au revoir mon Raymond.
RAYMOND : Bonne nuit. À demain.
GERMAINE : Oui.
Maintenant, c'est Arlette qui vient embrasser Raymond, sous le regard de Bernard.
ARLETTE : Bonsoir toi.
BERNARD : Alors lui on l'embrasse et moi...
ARLETTE : Vous, on vous serre la main.
Bernard profite du geste d'Arlette pour saisir sa main gauche et la retourner du côté de la paume.
BERNARD : Alors puisque vous y tenez absolument, pardon, vous permettez, je vais vous faire les lignes de la main, hein, alors voilà. Il y a deux femmes en vous.

ARLETTE : Oui, mais malheureusement, aucune des deux n'a envie de coucher avec vous. Salut.

Arlette retire sa main sèchement.

BERNARD : Oh, c'est ma faute. J'ai eu tort de lui montrer trop vite que j'avais envie d'elle. Oui, et maintenant elle me nargue, elle me provoque. Quand les décors et les costumes vont être terminés, elle va disparaître dans la nature. Mais cette fille-là, il me la faut avant la générale.

On termine sur Arlette qui disparaît derrière la porte de la loge.

40. Loge Marion. Intérieur jour.

Martine, la petite amie de Raymond, a déballé un paquet de bas de soie du marché noir. Marion est en train de faire son choix.

MARION : Et dans les beiges, vous n'auriez pas ma taille ?

RAYMOND : Martine, qu'est-ce que tu fais là, arrête d'embêter Madame Steiner.

MARION : Mais non, elle ne m'ennuie pas, Raymond, laissez-nous s'il vous plaît.

RAYMOND : Ah bon.

MARTINE : Quand j'aurai du trois, je vous les apporterai.

MARION : Et vous Nadine, vous n'en prenez pas ?

NADINE : Oh, c'est pas que ça me tente pas, mais j'ai pas les moyens.

MARION : Mais vous plaisantez ou quoi ?

NADINE : Oh non, je mets de la teinture.

Nadine pose son pied droit sur la table et relève sa jupe

74

pour mieux montrer sa jambe teintée. Martine pose
son pied gauche à côté du pied de Nadine.

MARTINE : Oui, moi aussi c'est de la teinture.

NADINE : Oh oui, mais toi tu fignoles, tu dessines
même la couture.

MARION : Ah oui, quel raffinement.

NADINE : On fait la couture avec un pinceau, puis
pour que ce soit bien droit, c'est plus prudent de
se faire aider.

MARTINE : De préférence par un Monsieur.

On voit que Marion ne peut pas détacher son regard
de quelque chose.

Nous voyons ce qu'elle regarde : la manchette du jour-
nal du jour.

« *Les troupes allemandes occupent la zone libre* ».

MARTINE : On l'a annoncé ce matin à la radio.

NADINE : Pour nous, ça change rien, mais pour
ceux de la zone libre, ça va être gai !

MARTINE : Comme ça, on pourra descendre dans
le midi.

NADINE : Pour envoyer les paquets.

On reste sur le visage de Marion et on entend (off)
quelques commentaires de ceux qui l'entourent.

41. Cave Lucas. Intérieur soir.

Lucas très énervé. Il marche de long en large devant
Marion.

LUCAS : La zone libre est envahie ? Je vois pas ce
que ça change. Tu voulais me faire traverser la
moitié de la France pleine d'Allemands, eh bien je
traverserai <u>toute</u> la France.

MARION : Tu ne traverseras rien du tout. Les Allemands sont partout. Le moindre camion est arrêté et fouillé tous les cinquante kilomètres. Et puis j'ai parlé avec le passeur, il est mort de frousse, il ne veut plus entendre parler de rien. Non, non, ces passages sont devenus trop dangereux pour tout le monde...

LUCAS : Alors, qu'est-ce que je deviens, moi ?

MARION : Tu restes ici en attendant que ça se tasse.

Lucas ramasse les godillots, les jette contre le mur de la cave.

LUCAS : Je ne peux plus rester ici ou alors je deviendrai fou. C'est pas une vie. Tu ne t'es jamais demandé ce que je faisais ici toute la journée. Bon je lis, je lis, je lis beaucoup tu sais. J'écoute des mensonges à la radio, ensuite je lis des mensonges dans le journal et alors, pour empêcher mon cerveau de se ramollir, je décide de faire des mots croisés. Tu veux les voir mes mots croisés ? *(Il lui tend un journal).* Eh bien tiens : «en six lettres, symbole de la bassesse : «youpin», dans l'autre sens, toujours six lettres, «rapace puant» : «youtre»! *(Il jette le journal par terre et en prend un autre).* Ceux-là sont pour les enfants : «On ne s'en méfie jamais assez», en quatre lettres, ça commence par un J... Alors, j'arrête les mots croisés, j'écoute les bruits du théâtre, je guette les pas dans l'escalier, et j'attends que tu viennes. J'attends, j'attends, j'en ai assez d'attendre. Combien d'années un homme a à vivre ?

Lucas s'arrête devant Marion et la regarde tristement.

LUCAS : Je n'en peux plus, Marion, je n'en peux plus.

MARION : Écoute Lucas, Lucas.

LUCAS : Je m'en vais.

Il sort de la cave. Marion le rattrape dans l'escalier.

MARION : Mais où tu vas ?

LUCAS : Je sors d'ici. Je m'en vais. Je vais les voir.

MARION : Mais qu'est-ce que tu dis ?

LUCAS : À la mairie… Au commissariat… Je vais leur expliquer, je vais me déclarer, je vais me mettre en règle.

Marion réussit à passer devant lui.

MARION : Mais tu es complètement fou ? Mais qu'est-ce que tu fais ? Mais tu ne sortiras pas d'ici. Mais qu'est-ce que tu veux, aller en camp de concentration, c'est ça que tu veux ?

LUCAS *(l'écartant)* : Laisse-moi passer ! Laisse-moi passer !

MARION : Tu ne sortiras pas d'ici. Non, mais je te casserai plutôt la figure !

Marion tend une main en avant pour l'empêcher d'avancer et de l'autre, elle tâtonne sur le rebord de l'escalier, à la recherche du premier objet venu. On la voit saisir un morceau de planche.

Et dans le même temps, elle lui assène un coup sur la tête. Lucas vacille et sort du cadre par le bas. Nous restons un moment sur le visage de Marion, stupéfaite de ce qu'elle a osé faire, et nous coupons.

Même endroit. Un peu plus tard.

Lucas est allongé sur le matelas. Marion le soutient d'un bras, tout en lui faisant boire un verre de cognac.

MARION : Tiens! C'est du vrai cognac, du bon cognac du marché noir.

Il boit. Elle repose le verre. Lucas regarde les mains de Marion.

LUCAS : Tu trembles!... Toi aussi, tu as besoin d'un verre de cognac.

MARION *(après avoir bu)* : Je viens de découvrir une chose terrible. Au fond, je serais capable de tuer quelqu'un...

Lucas lui embrasse les mains.

MARION : Tu vas voir, on va aménager cette cave. Je vais t'amener un vrai lit, un bon fauteuil, et puis aussi des tapis pour couvrir le sol, hein.

LUCAS : Il me faut une table de travail.

MARION : Oui, tout comme un appartement...

Lucas l'attire dans ses bras et l'embrasse.

LUCAS : J'espère. Tu n'oublieras pas de me tapisser les murs avec du papier à fleurs.

Même endroit. Le lendemain matin.

Marion se trouve en haut de l'escalier, empêchée de sortir par la trappe, à cause de la présence, devant le standard de Merlin et de Marc.

MERLIN : Oui, mais elle se rend pas compte Madame Steiner que même pour un fusil de théâtre, il faut une autorisation. Si elle croit que c'est facile de l'obtenir.

MARC : Écoutez, moi, je vous répète ce qu'elle m'a dit.

Retour à la cave.

MARION : Je ne peux pas sortir par là, ils sont tous

arrivés déjà. On n'est pas raisonnables, hein. On aurait dû se réveiller plus tôt.

LUCAS : Alors tu passes par la petite cour.

MARION : Ah oui.

LUCAS : Si, si Marion.

MARION : Oui.

LUCAS : N'oublie pas de fermer la porte derrière toi.

MARION : Oui.

Elle arrange sommairement ses cheveux, remonte la fermeture éclair de sa jupe et sort par la deuxième issue.

42. Couloir et capharnaüm Raymond. Intérieur jour.

En gros plan, dix paquets de tabac gris arrivent sur une table, puis une paire de gants fourrés.
Une autre main intervertit l'emplacement des objets.
C'est Raymond et Germaine qui viennent de procéder à un troc.

GERMAINE : Je les mettrai pas tous dans le même colis, comme ça mon grand, il aura une chance de les recevoir.

RAYMOND *(essayant les gants)* : Eh, ils me vont au petit poil. J'ai les même mains que ton mari, moi.

GERMAINE : Ah, c'était pas mon mari, c'était mon numéro deux. Je te le donne en mille où je les ai eus. À l'Exposition Coloniale, en payant, bien entendu ! Oh, lui et moi, on n'est pas restés longtemps ensemble : il était gaucher.

RAYMOND : Et alors, t'as quelque chose contre les gauchers ?

GERMAINE : Non, mais quand il me donnait une gifle, je n'avais pas le temps de voir arriver sa main.

RAYMOND : Hé, hé !

GERMAINE : Oh ! Il avait de bons moments, mais de sacrés quarts d'heure.

Apercevant Bernard qui arrive dans le couloir, Germaine va l'embrasser.

BERNARD : Bonjour Germaine.

GERMAINE : Oh bonjour, mon Bernard. Oh dis donc, tu n'as pas dormi chez toi, tu piques.

BERNARD : Ben oui, j'ai pas dormi chez moi cette nuit. Hier soir, j'ai drôlement eu chaud. À la sortie du cinéma, il y avait une rafle pour le S.T.O. Il y avait deux types qui bloquaient la porte. Ils contrôlaient tout le monde. Alors j'ai tourné la tête d'un côté, le corps de l'autre. Comme ça, chacun des deux a cru que l'autre me contrôlait.

GERMAINE : Et ben à ta place, je me vanterais pas de trucs comme ça. C'est à cause de types comme toi que les prisonniers rentrent pas.

[[*Raymond se marre.*

GERMAINE : Ce n'est pas la peine de rigoler, Raymond. Toi aussi, tu pourrais aller travailler en Allemagne, au lieu de te pavaner ici.

RAYMOND : Moi, premièrement, je suis inapte… Tu n'as qu'à me regarder, un mètre soixante-cinq, quatre-vingt-douze kilos. Ensuite, la relève, c'est un immense bobard des fridolins. Tout ce qu'ils veulent, c'est récupérer des jeunes types et se débarrasser des vieux et des malades. C'est pas ça qui fera revenir ton fils.

Pendant que Raymond parlait, on a vu que Bernard jetait un regard insistant vers un pick-up Pathé-Marconi qui se trouve là, par terre.]]

43. Loge Marion

MARION : Bonjour Germaine.
GERMAINE : Bonjour. Qu'est-ce qui se passe ? Vous faites votre toilette ici maintenant ?
MARION : C'est pas la peine de le crier sur les toits. Et bien oui, je n'ai pas dormi chez moi cette nuit.

44. Scène théâtre. Intérieur jour.

Sur la scène, Bernard est entre les mains d'un tailleur italien qui prend ses mesures. Arlette assiste à l'opération en échangeant quelques notes en italien avec son employé. Bernard ne semble pas à son aise. Il fait signe à Arlette et lui parle à l'oreille.
BERNARD : J'ai horreur qu'un homme me touche, Arlette. Vous ne pouvez pas prendre sa place, s'il vous plaît ?
ARLETTE : Et moi, vous ne me demandez pas mon avis ? Et si j'ai horreur de toucher les hommes.
Elle rit, au bout d'un moment, Bernard très sérieusement s'adresse à nouveau, à Arlette.
BERNARD : Vous n'avez pas oublié mon deuxième costume ?
ARLETTE *(soudainement inquiète)* : Y'a un deuxième costume ?

81

BERNARD : Ben enfin, c'est écrit dans la brochure *(il ouvre la brochure)*. Acte deux, scène trois : «Carl entre en tapinois». Alors, il me faut un costume de tapinois.

Arlette hausse les épaules et se relève pour vérifier les chiffres notés par l'italien.

[45. Scène et salle. Intérieur jour.

Pendant que, sur scène, Raymond, aidé de Marc, installe une draperie en suivant les indications d'Arlette, dans la salle, Jean-Loup a pris Marion par l'épaule et lui parle à voix basse.

JEAN-LOUP : Marion, j'ai un message pour toi. J'ai vu Giraudoux hier soir. Il rentrait d'un voyage en Suisse. Figure-toi que, de Genève, il a réussi à parler avec Jouvet qui est au Chili. Après deux ans d'absence, il paraît qu'ils étaient très émus tous les deux d'entendre leurs voix. Bon, en tout cas Jouvet a demandé des nouvelles de ton mari. Il a dit textuellement : «Si Steiner arrive en Amérique du Sud, qu'il me contacte, je ferai tout pour l'aider à monter un spectacle, à redémarrer quelque chose...». Tu sais, Marion, ce n'est pas de l'indifférence de ma part, j'ai jamais voulu te questionner, mais si tu es de temps en temps en contact avec Lucas, fais-lui le message. De mon côté, discrétion.

De loin, sur scène, Arlette s'efforce d'attirer l'attention de Marion et de Jean-Loup.

ARLETTE : Regardez, s'il vous plaît. Ça vous va comme ça?

Arlette a la tête relevée pour diriger les mouvements du rideau assurés par Raymond et Marc. À ce moment, Bernard arrive, tourne une fois autour d'Arlette, vient se placer près d'elle (donc dos à la salle). Il feint de s'intéresser aux rideaux, désigne quelque chose en l'air en élevant sa main gauche tandis qu'il passe son bras droit autour de la taille d'Arlette.

Arlette dégage sèchement le bras de Bernard, qui va retrouver Raymond au pied de son escabeau.

BERNARD : Ah, j'en ai marre…

RAYMOND : Toi, tu vas encore me parler d'Arlette, je parie.

BERNARD : Elle a juré de me rendre complètement fou. Ou bien on lui a raconté des saloperies sur moi ou alors elle a un type dans sa vie.

RAYMOND : Mon vieux, ne compte pas sur moi pour te renseigner. Chaque fois que j'ai dit quelque chose de confidentiel sur quelqu'un, ça a fait le tour, c'est revenu à la personne et ça m'est retombé sur le coin de la gueule, alors : pas vu pas pris motus et bouche cousue.

Pendant ce dialogue, Arlette a rejoint Marion et Jean-Loup près du pupitre. Marion complimente Arlette qui porte un joli foulard. Arlette le lui fait essayer et refuse de le reprendre.

ARLETTE : Je t'assure Marion, il est plus joli sur toi. Je te l'offre, garde-le, ça me fait plaisir…

Marion remercie Arlette et l'embrasse. Arlette semble émue, mais Marion se dégage en entendant la voix de Bernard :

BERNARD : Il est seulement moins dix, mais si on n'a plus besoin de moi, ça m'arrangerait de partir…

Jean-Loup est d'accord, mais avant de répondre à Bernard, il se retourne vers Arlette, malicieusement :
JEAN-LOUP : Et toi Arlette, tu n'as décidément pas besoin de Bernard ?
Arlette lève les yeux au ciel et détourne la tête en exagérant sa mimique de répulsion. Bernard quitte la scène. Marion a suivi cet échange du regard, comme d'habitude elle a enregistré.]

46. Cour théâtre. Extérieur fin de jour.

Christian arrive, jette un regard autour de lui : la cour est vide. Il se dirige vers Jacquot, occupé à surveiller les progrès de sa plantation clandestine.
CHRISTIAN : Tu connais Bernard Granger ?
JACQUOT : L'acteur nouveau, là ?
CHRISTIAN : Tu lui diras que je peux pas l'attendre. Tu lui remettras ce paquet, de la part de Christian.
JACQUOT : Je lui donnerai.
Jacquot prend le paquet.
Bernard arrive et prend le paquet dans sa canadienne. Il s'éloigne.

47. Cave Lucas. Intérieur soir.

Du bas de l'escalier, nous voyons Marion descendre vers la cave. Elle semble inquiète car la porte était déjà ouverte.
MARION *(à mi-voix)* : Lucas ?... Lucas ?...
La voix de Lucas lui parvient.

Lucas (off) : Marion... Marion, tu es là ?

Marion : Mais, où es-tu ?

Lucas : Rapproche-toi de mon lit. Dis quelque chose...

Marion : Qu'est-ce que tu veux que je te dise ? Je suis au pied de ton lit.

Lucas : Je t'entends mal.

Marion (près du rocking-chair) : Mais moi aussi, je t'entends mal.

Lucas : Va près de la TSF.

Marion : Mais où elle est la TSF ? Je l'entends mais je ne la voie pas.

Lucas : Ici, elle est près de la chaudière.

Marion : Près de la chaudière ?!

Marion : Voilà, j'y suis. C'est par là que je t'entends ?

Lucas : Oui. Je t'entends comme si tu étais à côté de moi. Mets la TSF plus fort et viens me rejoindre sur la scène.

Marion s'exécute et sort de la cave sur l'air que diffuse la TSF : « Sombreros et Mantilles » chanté par Rina Ketty.

48. Coulisses et scène. Intérieur nuit.

Marion rejoint Lucas sur scène. On entend ce que diffuse le poste de TSF. Marion semble très inquiète.

Marion : Ah mais dis donc, c'est très dangereux ça.

Lucas (très excité) : Au contraire, c'est formidable. Tu vois, c'est l'ancienne grille du chauffage. Cela veut dire que si j'améliore un peu le système, je peux écouter d'en bas tout ce qui se passe ici. Je pourrai enfin suivre les répétitions. Tous les soirs, je te dirai au fur et à mesure ce qu'il faut souffler à Jean-Loup pour qu'il le dise aux acteurs… Bien sûr que «La Disparue» ira jusqu'à la centième, elle peut tenir un an, «La Disparue»! Je suis revenu, je dirige mon théâtre, je dirige la pièce, et personne ne peut le savoir!

Marion le regarde avec un soupçon d'inquiétude, mais Lucas la saisit dans ses bras et la fait tournoyer autour de lui sur le rythme de la chanson pseudo-espagnole : «Un souvenir troublant ardent Comme une fleur d'Espagne!»

49. Scène théâtre. Intérieur jour.

Bernard et Marion répètent une scène de «La Disparue». Ils sont debout, devant une fenêtre, Marion tourne le dos à Bernard.

BERNARD (Carl) : Depuis le moment où je suis entré dans cette maison, je n'ai entendu que des mensonges et ces mensonges se contredisent terriblement.

MARION (Helena) : Ce ne sont pas des mensonges, ce sont des trous noirs. Depuis des années, je suis la première à chercher cette vérité. Ne comprenez-vous pas que…

La caméra, qui était assez serrée sur Bernard au début de la scène, a panoté sur Marion lorsque celle-ci a commencé à parler. Puis elle est descendue, de la tête de Marion au plancher de la scène, et, continuant son trajet, est allée recadrer, près des coulisses, un entonnoir, fixé au bout d'un tuyau dissimulé derrière un rideau.

50. Cave Lucas. Intérieur soir.

Nous cadrons maintenant l'autre extrémité du tuyau qui sort d'un trou dans le plafond de la cave, et nous descendons sur Lucas, assis dans son rocking-chair, tandis que le son arrive jusqu'à lui et que la scène continue.

MARION *(off)* :... C'est terrible de ne pas savoir qui on est, ni ce qu'on a fait et, plus encore, de vivre dans l'angoisse que cela se produise à nouveau. Parfois j'ai l'impression de ne pas exister réellement.

BERNARD *(off)* : Pourquoi le docteur Sanders ne vous a-t-il jamais laissé aller en ville...

Lucas écoute le texte, prend des notes et ne semble pas satisfait.

51. Scène théâtre. Intérieur jour.

Bernard termine sa réplique.

BERNARD :... Consulter un médecin ?

MARION : Il en sait davantage que tous les médecins. Sans le docteur Sanders, je serais morte... Je n'aurai pas assez de toute ma vie pour lui exprimer ma reconnaissance.

BERNARD : Le prisonnier n'a pas à avoir de reconnaissance envers son geôlier et le docteur, Sanders a fait de vous sa prisonnière. Mais si quelqu'un vous dit simplement : « Helena, je vous aime », pourquoi ne pas l'écouter ?

Ici, Bernard se tourne vers Jean-Loup.

BERNARD : Non, pardon, pardon, excusez-moi.

Est-ce qu'il faut vraiment, Jean-Loup, pendant tout ce dialogue crier ? Parce que moi, alors, vraiment, je, je sais pas, ça me paraît faux. Je le sens mal.

JEAN-LOUP : Ben, écoute, Bernard. Les notes de Lucas sont formelles : écoute, « cette scène doit être jouée comme un duel ».

BERNARD : Comme un duel ! Je veux bien mais ça me paraît bizarre. *(Il reprend)*. Le prisonnier n'a pas à avoir de reconnaissance envers son geôlier. C'est le docteur Sanders qui fait de vous sa prisonnière. Mais si quelqu'un vous dit simplement : « Helena, je vous aime », pourquoi ne pas l'écouter ?

MARION *(elle cligne des yeux, complice envers Bernard, et reprend en parlant fort)* : Mais je n'ai pas le droit d'aimer, comprenez-vous cela ? Je n'ai pas le droit d'aimer ni d'être aimée.

BERNARD : Non Helena ! Non, ces paroles, c'est le Docteur Sanders qui vous les dicte. Je vais vous dire quelque chose sur le docteur Sanders *(vers Marion et Jean-Loup)*. Voilà, vous m'avez demandé de crier, j'ai crié, mais alors jouée comme ça cette scène, moi ça me rend pas du tout heureux !

MARION *(on ne sait pas trop si elle blague ou si elle est sérieuse)* : Moi non plus, Jean-Loup, cette scène ne me rend pas heureuse. Tu vois, on n'est pas heureux.

[[JEAN-LOUP : Écoute Marion, je vais te répondre comme Mounet-Sully à Sarah Bernhardt ! Comme actrice, je t'admire, comme femme, je t'adore, mais comme directrice, je t'emmerde !]]

52. Cave. Intérieur soir.

Lucas marche en large devant Marion.

LUCAS : Il a raison Bernard Granger, cette scène ne doit pas être criée.

MARION : Mais écoute, Jean-Loup n'a fait que suivre tes notes !

LUCAS : Oui, mais ça m'arrive de me tromper et Jean-Loup a tort parfois d'être trop fidèle à mes indications.

Ici, panne de lumière. Ça revient aussitôt.

LUCAS : Qu'est-ce que c'est ?

MARION : C'est une panne, c'est l'électricité.

LUCAS : Tu me passes la bougie.

MARION : La bougie, la bougie, la voilà.

LUCAS : Ah !

MARION : Ben voilà, c'est revenu.

LUCAS : Il ne faut pas jouer cette scène comme un duel mais comme un complot. Je t'ennuie Marion, tu ne m'écoutes pas ?

MARION : Excuse-moi Lucas, mais je suis morte de fatigue.

LUCAS : Eh bien dors, installe-toi... Dors...

MARION : Je veux dormir mais chez moi, à l'hôtel... Je vais rentrer...

LUCAS : Alors, tu désertes le taudis conjugal ?

Ils rient, s'embrassent et s'écartent. Elle monte l'escalier.

LUCAS : Attends, attends !

MARION : J'attends. Je viens te voir demain matin, dès que j'arrive.

Lucas a déplié la chanson-papier que Marion lui a acheté : «Mon amant de Saint-Jean», et s'adressant à Marion qui lui fait nettement un dernier petit signe

en haut de l'escalier, il chantonne la fin du dernier couplet :
LUCAS : «Elle ne m'aime plus, c'est du passé, n'en parlons plus».

53. Loge Bernard. Intérieur jour.

On démarre d'un pick-up Pathé-Marconi éventré, qu'une main, armée d'un tournevis, travaille. On voit des fils débranchés... La caméra recule et révèle que c'est Bernard qui opère.
Marc entre dans la loge.
MARC : Raymond, Raymond! T'as pas vu Raymond? On le cherche partout.
BERNARD : Non.
Puis, considérant le pick-up en pièces détachées :
MARC : Tu fais l'électricien maintenant?
Sans attendre la réponse, Marc est parti, mais Bernard lance néanmoins :
BERNARD : Non, pas l'électricien : l'ingénieur!
MARC *(off)* : Raymond, Raymond! Raymond!

54. Scène théâtre. Intérieur jour.

Raymond arrive, essoufflé, impatiemment attendu par tout le monde.
RAYMOND *(les bras en avant)* : Oui je sais, je sais. Vous m'attendiez, mais j'ai fait la queue trois quarts d'heure à la quincaillerie du bazar. Quand je suis sorti, on m'avait piqué mon vélo, avec la chaîne, alors bon, tant pis, je prends le métro,

panne d'électricité, coincé entre deux stations, alors avec les Fridolins...

JEAN-LOUP : Tu n'avais pas à prendre le métro, tu savais qu'on était pressé, tu n'avais qu'à prendre un vélo-taxi et on t'aurait remboursé.

BERNARD : Surtout que, lui, on devrait le faire payer double tarif.

Tout le monde rit autour de Raymond, sauf Raymond.

RAYMOND : Oui, justement c'est pour ça, c'est pour ça que je prends pas le vélo-taxi, parce que j'ai du respect humain, figure-toi. Non, sans blague, vous m'imaginez, moi, étalé comme un pacha, à me faire trimballer par un pauvre type en train de suer sang et eau sur sa bécane ? Oui, oui je sais, les bons gros ça fait rigoler. C'est marrant, c'est sympa, non c'est sympa les bons gros hein ? Ben, c'est pas facile à vivre, figurez-vous. Puis, je suis pas un bon gros, je suis un méchant gros. Foutez-moi la paix !

Une gêne compréhensible s'installe, Bernard regarde Raymond, et se jette à l'eau pour faire diversion.

BERNARD : Mais, non, moi aussi je me suis fait piquer mon vélo l'année dernière. Bon alors, j'ai fait une croix dessus. Puis, trois jours plus tard, à l'autre bout de Paris, incroyable, qu'est-ce que je vois ? Mon vélo, tout pareil : 813 HK 45. Alors je me dis : « Mais c'est le mien, j'ai qu'à le prendre. » Un mec s'amène, la gueule enfarinée, je lui laisse ouvrir le cadenas et je me pointe. Alors vous me voyez d'ici, je lui dis : « Mais dites donc Monsieur, mais c'est mon vélo ! ». Le type commence à le prendre de haut, et je vois le moment où on va se foutre sur la gueule, alors à ce moment-là, comme toujours, les gens s'arrêtent, puis regardent, et vous savez pas ce qu'il ose me faire ? Il commence à me traiter de pédé, excusez-moi Jean-Loup, et à dire à tous les gens qui étaient là que j'avais voulu le tripoter et que je lui ai fait des propositions malhonnêtes… Tout ça. Oh, les gens ont commencé à me regarder de travers, ils étaient tous <u>pour</u> mon voleur. Je me suis dit, ça y est, ils vont me foutre sur la gueule, je me suis taillé, j'ai pas demandé mon reste, hein !

Pendant le récit de Bernard, nous avons naturellement suivi les réactions de Raymond qui finit par rire, d'Arlette qui ne rit pas, et aussi les regards de Marion vers Jean-Loup. La scène se termine joyeusement sur Lucas, écoutant, à la cave.

55. Couloir sortie théâtre. Fin de journée.

Raymond et Jacquot sont ensemble. Chacun d'eux tient une main levée, comme s'ils comptaient sur leurs doigts.

JACQUOT *(en levant le doigt à chaque terme de l'énumération)* : Il y a les Boches, les Frisés, les Fridolins, les Verts-de-gris. Je me rappelle plus du dernier.

RAYMOND : Ah, ah, tu as oublié. Eh ben ! Et les doryphores, alors ?

JACQUOT : Ah oui, les doryphores…

Raymond, qui range son capharnaüm, aidé par Jacquot, est salué au passage par Nadine et Germaine qui quittent le théâtre.

Passe maintenant Bernard, le pick-up sous le bras.

RAYMOND : Salut !

BERNARD : Salut !

RAYMOND : Dis donc, où tu vas toi avec mon pick-up ?

BERNARD : D'abord, c'est pas ton pick-up, c'est celui de Marion. Et elle me l'a prêté pour une petite fête. Allez, bonsoir.

RAYMOND : Décidément, tout disparaît dans ce théâtre ! Quand c'est pas le rocking-chair, c'est le pick-up.

Bernard continue son chemin, on reste sur Raymond, d'assez mauvaise humeur.

56. Cour théâtre. Extérieur soir.

Christian, immobile sur le trottoir, semble attendre quelqu'un.
De loin, nous voyons Bernard le rejoindre et lui remettre le pick-up. Christian et Bernard se séparent, chacun s'en va dans une <u>direction différente</u>.

57. Hall hôtel Marion. Intérieur soir.

Le chef-concierge de l'Hôtel s'approche de Marion alors qu'elle prend sa clé.

LE CONCIERGE : Madame Steiner... Il y a un Monsieur qui vous attend au bar.

MARION : Un Monsieur ? Mais je n'ai pas donné de rendez-vous.

LE CONCIERGE : Je ne sais pas son nom, mais c'est ce Monsieur qui écrit dans *Je suis Partout*.

MARION : Daxiat ?

Le concierge : Oui, c'est ça. Daxiat.

Marion tourne la tête dans la direction indiquée par le concierge.

Daxiat s'est levé pour l'accueillir.

Daxiat : Madame, je voulais vous parler, Madame. Oui, j'ai préféré vous voir en dehors du théâtre car il s'agit d'une chose confidentielle. Je vous en prie, je sais que vous ne m'aimez pas, mais j'ai la faiblesse de penser que c'est parce que vous me connaissez mal.

Marion : Je n'ai pas à vous juger... Je sais seulement que vos articles ont blessé souvent des gens que j'aime et dont j'apprécie le travail. D'autres disent que vous aimez vraiment le théâtre... Je ne sais pas.

Daxiat : Effectivement, je suis un paradoxe vivant. J'adore le théâtre, je vis pour le théâtre, et je suis détesté par la grande majorité des gens de théâtre. Sans me vanter, il faut une certaine force pour travailler au milieu de cette hostilité, et cette force, je crois que je l'ai... Vous savez que j'ai toujours admiré Lucas Steiner... Si je l'avais là, maintenant, en face de moi, je lui dirais que notre vrai combat est socialiste, anticapitaliste, et que, nous aussi nous sommes des hommes de gauche... Mais que nous voulons aller encore plus loin, nous voulons la Révolution.

Marion : Vous savez, j'ai toujours vu Lucas acheter tous les journaux mais il ne les ouvrait qu'à la page des spectacles... Et moi, je fais comme lui. Alors la politique...

Daxiat : Vous avez tort, car tout est politique. Enfin, cela vous regarde. Je ne suis pas venu ici pour ça.

Daxiat sort de sa poche des papiers qu'il tend à Marion et nous voyons la photo de Lucas Steiner, sur une carte d'identité portant un autre nom : Didier Martin.

DAXIAT : Lucas Steiner n'a pas quitté la France.

Sur le gros plan de la carte d'identité, on a entendu les sirènes donnant le signal d'une alerte.

Le barman et le concierge pressent les clients de descendre à la cave : «C'est idiot, mais c'est le règlement... Désolé, mais c'est obligatoire...».

Sur la dernière phrase de Daxiat, nous aurons montré le visage bouleversé de Marion, mais la suite va s'enchaîner presque immédiatement, malgré le changement de lieu.

58. Cave-abri hôtel. Intérieur nuit.

Nous reprenons en gros plan sur Daxiat, dans la cave.

DAXIAT : La carte d'identité que je vous ai montrée a été trouvé sur un passeur, lorsqu'il a été arrêté.

YVONNE : Bonjour, Madame.

MARION : Bonjour, Yvonne.

DAXIAT : Votre mari est certainement caché dans un petit village ou à la campagne, mais à tel ou tel moment, il prendra contact avec vous, j'en suis sûr. Alors, je vous charge d'un message pour lui : dites-lui que s'il se décide de rentrer à Paris, je ne ferai rien contre lui, c'est une question d'honneur pour moi. Mais s'il revient, il vous compromettra, vous avez pensé à votre théâtre ? Le nom de Steiner n'est pas bon pour vous. Vous devriez demander le divorce.

Marion, atterrée, reste sans voix.

La lumière s'éteint. On entend une cavalcade, on apporte un chandelier.

Par ses regards, Daxiat continue à jouer au chat et à la souris avec Marion, paniquée.

[*Dans un coin, entouré de trois femmes de chambre, un vieux chef-cuisinier en tenue, avec l'accent berrichon, prend la parole :*

Le cuisinier : Il y a des alertes tous les jours, maintenant, et moi je suis trop vieux pour monter et descendre les escaliers sans arrêt. J'ai trouvé un bon fauteuil : je ne bouge plus d'ici.]

58bis. Cave Lucas. Intérieur nuit. Dialogue additionnel.

Lucas caresse les jambes de Marion. La caméra suit un moment la main de Lucas qui glisse sous la jupe de Marion.

La caméra remonte sur les visages.

Lucas : Tu te rappelles, Marion, tu te rappelles ?

Marion : Qu'est-ce que tu veux que je me rappelle ?

Lucas : Dans le grand ascenseur des Galeries Barbès ?

Marion : Oh oui. Je me rappelle, j'avais l'impression que tout le monde se rendait compte de ce qu'on faisait. J'étais morte de peur...

Lucas : Tu avais seulement peur ?

Marion : Non, pas seulement, pas seulement de la peur... Et le soir de la couturière de « Maison de poupée »...

Elle lui dit deux mots à l'oreille.

MARION : Là, c'était toi qui avait peur...

LUCAS : Non, j'étais très content... Allez, va-t-en... Rentre à l'hôtel... Je préfère que tu partes tout de suite...

MARION : Si je restais ici, cette nuit?

LUCAS : Toute la nuit? Jusqu'à demain matin?

MARION : Toute la nuit. Jusqu'à demain matin.

LUCAS : C'est vrai? Alors, j'éteins la lumière pour réfléchir à ta proposition.

La scène se termine dans le noir.

59. Scène. Intérieur jour.

Bernard et Marion sont en train de répéter une scène d'amour.

BERNARD (Carl) : Mais lorsque je suis venu vous dire : «Helena, je vous aime», pourquoi avez-vous refusé de m'écouter?

Ici, Bernard pose sa main sur la tempe de Marion, pour lui caresser le visage, mais celle-ci arrête son geste.

MARION : Écoutez Bernard, on sait qu'il y a ce geste à faire à ce moment-là, mais j'aimerais autant que vous ne touchiez pas mon visage pendant les répétitions. Vous le ferez quand on jouera réellement[1].

De son pupitre, Jean-Loup intervient.

JEAN-LOUP : Bon, reprenons mes enfants. Bernard, reprend à «lorsque je suis venu vous dire...».

Bernard reprend sa phrase, cette fois sans même esquisser la caresse sur le visage de Marion.

97

MARION : Mais je n'ai pas le droit d'aimer, comprenez-vous cela ? Je n'ai pas le droit d'aimer ni d'être aimée.

BERNARD : Mais lorsque je suis venu vous dire : «Helena, je vous aime», pourquoi avez-vous refusé de m'écouter ?

Jean-Loup, surpris interpelle Bernard

JEAN-LOUP : Bernard, n'oublie pas de caresser le visage de Marion, à ce moment-là...

Raymond passe derrière Jean-Loup, murmure à voix basse :

RAYMOND : C'est Marion qui lui a dit de ne pas faire le geste.

Jean-Loup fait alors un grand geste de découragement tout en levant les yeux au ciel, comme pour déplorer d'avoir à tenir compte des états d'âme de ses comédiens.

60. Cour théâtre. Extérieur jour.

Nous sommes dans la cour du Théâtre, axés sur la rue. Le cadre est exactement celui de la scène où Bernard a remis le pick-up à Christian.

Un homme, d'une cinquantaine d'années, au visage creusé, avance d'une démarche hésitante. Il sort du cadre en même temps que l'on entend l'annonce du bulletin d'information de Radio-Paris :

SPEAKER : Nous avançons sous le porche, il y a là beaucoup de foule et je tache d'avancer avec mon micro. Que se passe-t-il ? L'explosion que nous avons entendue. On m'apprend qu'il s'agit d'un pick-up piégé. C'est un attentat. L'Amiral Froelich est gravement blessé. Il a été victime d'une bombe. On me dit qu'il est mort. C'est l'affolement ici. On recherche les terroristes qui ont déposé le pick-up. Les gens vont dans tous les sens.

[[[*L'homme qui était sorti du cadre y reparaît et se dirige vers la loge de la concierge où il cherche vainement à apercevoir quelqu'un.*

Arlette, pénétrant dans la cour, voit l'inconnu et va lui serrer la main.

ARLETTE : Monsieur Valentin, je peux vous aider ?

M. VALENTIN : Ah, par exemple ! Vous travaillez aussi pour le Théâtre Montmartre ? J'ai rendez-vous avec Marion Steiner, mais je dois vous avouer que je suis complètement perdu.

ARLETTE : Je vais vous conduire *(ouvrant la porte d'entrée des artistes)*. Quand on ne sait pas, on croit qu'elle est fermée, mais en fait, il faut pousser en même temps…

Ils disparaissent dans le couloir.]]]

[[[61. Couloir loge. Intérieur jour.

On prend Monsieur Valentin, puis Arlette.

ARLETTE : Ah, Germaine, je te laisse avec Monsieur Valentin. Tu l'emmènes chez Marion.

Elle referme la porte derrière le visiteur et se retrouve face à Bernard.]]]

BERNARD : Bonjour Arlette, vous ne voulez pas venir m'aider à répéter ma grande scène du deux ?

ARLETTE : Des répétitrices comme vous en cherchez, vous en trouverez autant que vous voulez rue Saint-Denis !

Elle le laisse en plan. Nadine, qui a vu Valentin entrer dans la loge de Marion, s'adresse à Bernard.

NADINE : Si tu veux, je te fais répéter, moi?

BERNARD : Non, non, je me débrouillerai tout seul.

Il monte à sa loge.

Nadine continue de répéter son texte toute seule en arpentant le couloir.

NADINE : Vous savez Carl, si vous voulez rester longtemps dans cette maison, il y a un nom qu'il ne faudra jamais prononcer, celui de Charles-Henri.

62. Escalier et couloir loge. Intérieur jour.

Bernard tombe sur Germaine et Martine qui discutent affaires.

MARTINE : Alors, c'est aux Galeries Lafayette, vous demandez Madame Yolande. Elle peut vous avoir «Autant en emporte le vent» pour 80 francs.

GERMAINE : Ben, c'est pas moi qui payerait 80 francs pour un bouquin, même au marché noir. Mais si ça intéresse Marion, hein.

MARTINE : D'accord.

BERNARD : Martine, vous voulez pas venir avec moi, me faire répéter mon rôle dans ma loge.

MARTINE : Ben, je sais pas moi. J'ai jamais fait ça.

BERNARD : Oh, mais c'est très simple. Vous n'avez qu'à lire. Alors moi, je vous dis une phrase et vous, vous me répondez.

MARTINE : Ah, ben d'accord.

BERNARD : Allez.

MARTINE : Vous me gardez ma boîte ?
GERMAINE : Oui, oui.

[[[63. Loge Marion. Intérieur jour.

Nous prenons la discussion en cours entre Robert Valentin et Marion.

MARION : Non. Que ce soit financé par la « Continentale » n'est pas le problème... C'est un magnifique scénario, votre meilleur scénario, et le rôle de la sœur Saint-Jean est superbe...

VALENTIN : Je suis content que vous le pensiez : j'ai écrit chaque ligne de ce personnage en pensant à vous. Je suis assez vieux pour être franc : j'avais sur ma table de travail, pendant que j'écrivais, une photo de vous, constamment sous les yeux. J'ai toujours pensé : les grandes amoureuses rêvent toutes de séduire un prêtre, les grandes actrices rêvent de jouer un rôle de religieuse.

MARION : Ah, vous m'auriez donné ce scénario il y a quatre ans, je signais le contrat dans la journée... Mais aujourd'hui, c'est différent. J'ai promis à Lucas de m'occuper uniquement de son théâtre pendant son absence.

VALENTIN : Ah, c'est trop injuste ! Je suis certain que si Lucas savait qu'on vous propose un tel rôle il vous dirait de le faire, absolument...

MARION : N'insistez pas, Valentin, j'ai promis. Je ne suis pas naïve, je sais que ce film se tournera avec une autre... J'aimerais que mon retour au cinéma, <u>après</u> la guerre, soit avec une histoire écrite par vous...

101

VALENTIN : Non Marion, «Les Anges de Miséricorde» est mon dernier scénario et, depuis hier, je sais que je ne verrai pas le résultat sur l'écran. Je ne verrai pas la fin de la guerre. *(Il se lève).* Je tiens à la vie, enfin, comme tout le monde, mais depuis que les médecins m'ont dit la vérité, j'ai l'impression qu'on veut me forcer à quitter un spectacle avant la fin de la représentation. C'est extrêmement inconfortable. J'ai compris seulement il y a quelques jours ce que c'est que la mort, comment elle se concrétise. La mort, c'est un tas de vêtements vides. Vous voyez cette veste, cette chemise ? Elles seront bientôt inutiles. On ne les brûlera pas, on les donnera à quelqu'un. C'est du bon tissu, très précieux de nos jours...

Marion est troublée par cet aveu. Elle regarde Valentin, ne sait que lui répondre. Comme pour faire diversion, elle ouvre des tiroirs les uns après les autres.

MARION : Je ne comprends pas où je l'ai mis... «Les Anges de Miséricorde», le titre était inscrit sur la couverture, mais on reçoit tellement de manuscrits ici... On a dû la mettre dans la mauvaise pile. *(Elle relève les yeux vers Valentin).* Je voulais vous rendre le scénario, je ne le retrouve pas...

VALENTIN : Not to worry, my dear... Si vous le retrouvez, gardez-le en souvenir de moi... Au revoir Marion...

MARION : Alors, je vous embrasse Valentin.

Valentin l'arrête du geste.

VALENTIN : Non, Marion, je suis déjà de l'autre côté... On ne m'embrasse plus, c'est dangereux, mais on peut se faire un petit signe, comme ça...

Valentin a fait un petit geste d'adieu avec les doigts avant d'ouvrir la porte du couloir.

64. Couloir loge. Intérieur jour.

Par la porte ouverte, Marion regarde Valentin.

MARION : Valentin... Vous ne m'en voulez pas d'avoir refusé le rôle ? Je peux vous inviter à dîner ? Un soir de cette semaine ?

VALENTIN *(bouge la tête négativement)* : Je repars demain matin... Pour la montagne. Je déteste la montagne.

À présent, il a tourné le coin du couloir, il est hors de vue de Marion, elle rentre dans son bureau.

Nous découvrons alors Nadine qui, de la porte de sa loge, a assisté au départ de Valentin. Elle tient à la main le scénario des «Anges de Miséricorde».

ARLETTE : Qu'est-ce que tu fais là ?

NADINE : Le type là, c'était Valentin. Je voulais lui rapporter son scénario, c'est l'exemplaire de Marion... J'ai pas osé. Tu devrais le lire, c'est formidable.

ARLETTE : Ça, je sais, c'est moi qui vais faire les costumes.

NADINE : Tu en as de la chance... Tu te rends compte que Marion refuse un rôle pareil !

ARLETTE : Je suis bien de ton avis, c'est du gâchis.

NADINE : Je sais que je suis trop jeune pour jouer ça mais si j'avais cinq ans de plus et qu'on me le propose, rien au monde ne pourrait m'empêcher de jouer ce rôle-là.

Arlette sort du cadre et Nadine voit Martine surgir de la loge de Bernard.

NADINE : Tu es encore là, Martine ? Je croyais que tu étais partie ?

MARTINE : Bernard m'a demandé de le faire répéter.

NADINE *(la regardant dans les yeux)* : D'accord… Il te reste un paquet de chicorée ? Je le prends.

Martine lui tend son cabas et, pendant que Nadine fouille, Raymond prend Martine à partie :

RAYMOND : Qu'est-ce que tu fous là ? Je t'avais bien dit de ne pas quitter les coulisses. Si Madame Steiner te voyait…

MARTINE : Je termine et je m'en vais. C'est Nadine qui voulait de la chicorée…

Raymond a entraîné Martine à l'écart. Martine lui tend la paume de sa main.

MARTINE : Dis donc, tu connais quelque chose, toi, aux lignes de la main ? Il paraît qu'il y a deux femmes en moi…]]]

[[65. Appartement hôtel Marion. Intérieur soir.

Pendant cette scène, Marion, en « négligé », se maquille ou se coiffe avant de sortir. La jeune femme de chambre de l'hôtel va et vient derrière elle, en tenant à la main une photo de Bernard.

YVONNE : Eh bien je ne l'imaginais pas du tout comme ça… *(Elle retourne la photo et lit le nom en entier)*… Bernard Granger… Je l'ai jamais vu, mais c'est vrai que je sors tellement peu…

MARION : Il n'a pas encore joué dans beaucoup de choses, mais vous entendrez parler de lui, je vous assure.

Marion reprend la photo des mains d'Yvonne et la pose sur sa table de maquillage.

YVONNE : Vous devez avoir raison, en tout cas c'est pas mon type d'homme.

MARION : Quel est votre type d'homme ?

YVONNE : Vous allez vous moquer de moi, Madame, mais ce que j'aime, c'est les hommes qui ont l'air un peu voyou.

Marion reprend en main la photo de Bernard, la regarde rapidement et la tend à Yvonne en lui répondant avec vivacité :

MARION : Mais il a l'air voyou, regardez… ! Enfin ce n'est pas sa meilleure photo, mais je vous assure qu'il a cet air-là, Bernard…

YVONNE : Ah ! Bernard…

MARION : Oui, Bernard…

Les deux femmes rient entre elles. Yvonne risque un gloussement complice en faisant passer son regard de la photo de Bernard à Marion.

MARION : Sans rire Yvonne, maintenant je suis très sérieuse : comment faites-vous lorsqu'un homme vous plaît et qu'il ne vous remarque même pas, qu'il ne fait pas attention à vous ?

YVONNE : Oh, moi j'aime pas les embrouilles. Je sais ce que je veux mais j'ai besoin qu'on me veuille. Un homme me plaît, j'ai envie de lui ! Si je sens que je ne lui plaîs pas, ça m'enlève mon envie. Alors je regarde ailleurs…

MARION : Vous regardez ailleurs…

Elle regarde ailleurs.]]

66. Bureau. Intérieur jour.

Marion est en discussion avec un bijoutier.
Sur la table, des bijoux.
Elle est interrompue par Monsieur Merlin qui insiste
pour lui parler dans sa loge.
MERLIN : Pardonnez-moi Madame Steiner.
MARION : Je suis occupée, Monsieur Merlin.
MERLIN : Je vous en prie, c'est important.
MARION : Oui?
MERLIN : Germaine m'a dit avec qui vous étiez...
Coupe sur le bijoutier qui évalue les pièces.
On revient vers Merlin et Marion.
MERLIN : Il faut pas vendre les bijoux au cinquiè-
me de leur valeur. Confiez-les moi : je les remet-
trai au Crédit Municipal et si «La Disparue» a du
succès, dans trois mois, vous les aurez récupérés.
MARION : Oui, oui peut-être.
Marion remercie chaleureusement Merlin et revient vers
le bijoutier.
MARION : Excusez-moi Monsieur, mais je ne peux
pas me décider aujourd'hui, j'ai besoin de réflé-
chir à votre proposition.
BIJOUTIER : Comme vous voudrez Madame.
MARION : Oui, oui.

67. Cave Lucas. Intérieur nuit.

Lucas est en train d'écouter la T.S.F. lorsque Marion
arrive dans la cave. Il lui fait signe de se taire pour
pouvoir écouter.
SPEAKER :... Et ils sont venus surtout pour profi-

ter, et très peu pour travailler réellement. Or le mal vient de ce que les Français, dans leur plus grande partie, ne savent pas reconnaître les juifs. S'ils le savaient, ils se tiendraient sur leurs gardes, c'est ce qui n'arrive pas. Il y en a qui le porte sur la figure, mais enfin pas tous! La question ne se poserait pas si, par exemple, les juifs avaient la peau bleue, mais ce n'est pas le cas; il faut donc qu'on puisse les reconnaître[2].

Lucas éteint le poste et se tourne vers Marion.

LUCAS : On dit toujours «Il vaut mieux entendre ça que d'être sourd», mais quelque fois, je me demande s'il ne vaudrait pas mieux être sourd qu'entendre ça.

MARION : Tu as écouté la dernière répétition?

LUCAS : Oui, formidable… Enfin incomparablement mieux. Quand elle est chuchotée, la scène devient très bonne, mais pour préserver l'intimité, il faut que la lumière aille dans le même sens. Les visages devraient être éclairés par derrière, en ombres chinoises.

68. Scène et salle. Intérieur soir.

On passe « cut » sur Marion et Bernard debout, de profil, devant la fausse fenêtre. On entend Jean-Loup qui dirige les opérations.

JEAN-LOUP : Bougez pas, bougez pas. Dégage, dégage Raymond.

Raymond exécute l'ordre et, à présent, les silhouettes des deux comédiens ne sont plus éclairées que par la lumière qui vient de la fenêtre.

Arlette, assise près du pupitre du metteur en scène, se tourne vers Jean-Loup.

ARLETTE : Formidable ton idée Jean-Loup... Je déplacerai un peu la découverte pour que les profils soient encore plus nets. Ça marchera très bien.

La lumière s'éteint complètement dans le théâtre.

JEAN-LOUP : Ah merde ! Qu'est-ce que tu fabriques Raymond ? On est dans le noir !

RAYMOND : Je le sais qu'on est dans le noir, je le sais. C'est pas moi, c'est général.

NADINE : C'est une panne de secteur.

BERNARD *(blaguant)* : Ah, bien, on est servi question ombres chinoises !

Germaine arrive sur scène, une lampe à pétrole à la main.

GERMAINE : J'ai regardé par la fenêtre, tout le quartier est dans le noir. Ils ne préviennent même plus maintenant pour les coupures.

RAYMOND : Bon, eh Marc, viens avec moi. On va chercher ce qu'il faut pour éclairer.

Bernard, Marc et Raymond quittent la scène pour chercher des éclairages de fortune.

GERMAINE : Ah, je sais moi, où trouver des bougies, en payant, bien entendu.

[[69. Un peu plus tard. Même endroit.

Sur le devant de la scène, le long de la rampe, tout un ensemble d'éclairages hétéroclites est disposé : bougies, lampes à pétrole...

Bernard et Jean-Loup répètent :

JEAN-LOUP (Dr Sanders) :... Et deux semaines

après, elle réapparaissait : livide, une vraie revenante. Incapable de dire ce qui s'était passé.

BERNARD (Carl) : Vous voulez dire : amnésique ? C'est marrant, je peux pas m'empêcher de me marrer quand je dis ça.

JEAN-LOUP : Ben oui, mais si tu te marres on change la phrase.

BERNARD : Non, non, non, je dirai comme c'est écrit.

JEAN-LOUP : Et qu'est-ce qu'elle fout Nadine. Mes enfants, on sera jamais prêts, si ça continue comme ça.

RAYMOND : Vous voulez que j'aille la chercher ?

JEAN-LOUP : Ben oui.

MARION *(de la salle)* : De toute façon je vais dans ma loge, je vais l'appeler.

Marion sort une lampe à la main.]]

70. Couloir loge. Intérieur soir.

Arrivant dans le couloir, Marion s'arrête devant la loge de Nadine et entre sans frapper.

Dans l'ouverture de la porte, on a le temps d'entrevoir, debout, étroitement enlacées et s'embrassant sur la bouche, Arlette et Nadine.

Marion suit son premier réflexe qui est de reculer d'un pas et de refermer la porte puis, se ravisant, décide d'ouvrir la porte complètement tandis que les deux femmes se détachent l'une de l'autre.

MARION : Nadine, on vous attend pour répéter en bas.

Marion, ayant transmis son message, s'éloigne en direc-

tion de sa loge. Arlette se lance à sa poursuite et la rat-trape :

ARLETTE : Marion, je voudrais t'expliquer.

MARION : Il n'y a rien à expliquer.

ARLETTE : Mais, je ne voudrais pas que tu me juges...

MARION : Je ne te juge pas... Simplement, je pré-férerais que tu arranges tes affaires de cœur en dehors du théâtre.

Marion referme la porte de sa loge au nez d'Arlette.

71. Coulisses et scène. Intérieur soir.

Nous retrouvons Arlette en larmes blottie dans les bras de Jean-Loup.

ARLETTE : Elle est sans pitié, Marion. Elle est trop dure, trop froide. Elle ne s'intéresse à personne. Elle ne m'a jamais regardée. Depuis que Lucas est parti, elle est encore pire qu'avant. Mais j'en ai marre... J'en ai marre.

JEAN-LOUP : Calme-toi, calme-toi ma grande. C'est pas la fin du monde tout ça. Qu'est-ce qui s'est passé ? Marion a poussé une porte qui aurait dû être fermée de l'intérieur. Bon alors, sur le moment, ça prend des allures de drame et puis dans quinze jours, personne n'y pensera plus, tu sais bien.

ARLETTE : Ah, si c'était vrai... *(Ils s'embrassent).* En tous les cas, je ne veux pas rester ici, je veux rentrer chez moi...

JEAN-LOUP : Mais oui, allez viens ! Tu as raison, rentre...

ARLETTE : Au revoir.

Arlette s'éloigne, Jean Loup fait trois pas avec elle et revient vers la scène où Bernard arrive à sa rencontre.

Bernard : Arlette n'est pas bien... Tu permets que je la raccompagne ?

JEAN-LOUP : Non, non, laisse tomber, laisse tomber ! C'est tout ce qu'il ne faut pas faire au contraire. Faut que ça s'arrange seul, laisse tomber !

BERNARD : Oh mais quand même, elle est triste. Elle est bouleversée. Oh, ben ça alors, on peut dire que vraiment, je me suis trompé de direction avec cette fille-là.

JEAN-LOUP : Ah oui, mon pauvre Bernard ! C'est pas une partenaire pour toi ! Arlette, tu vois, c'est plutôt une concurrente. Mais elle te plaisait à ce point-là ?

BERNARD : Oh. C'était surtout que je voulais coucher avec elle, je sais pas pourquoi, elle me fait l'effet d'un croissant chaud.

JEAN-LOUP : J'ai voulu t'avertir plusieurs fois que tu faisais fausse route et puis, je me suis dit de quoi je me mêle.

72. Cave Lucas. Intérieur soir.

Marion a préparé le dîner dans la cave, mais cette fois-ci, il n'y a qu'un seul couvert, celui de Lucas.

Marion porte une robe du soir car elle doit repartir vite.

Elle donne à Lucas des pastilles pour son réchaud à alcool et lui montre ce qu'elle a apporté pour son repas.

LUCAS : Alors vous allez passer la soirée à la
«Joconde»? Mais «La Joconde», c'est un cabaret!
Tu sais ce qu'ils disent à Radio-Londres? Eh bien
ils disent que les gens qui passent leurs soirées
dans les boîtes de nuit devront rendre des
comptes après la guerre, oui, oui!

MARION : Oh! C'est une idée de Jean-Loup pour
nous remonter le moral. Toi, quand tu dirigeais le
Théâtre, tu avais le droit de changer d'humeur, de
nous emmener faire la fête ou de te retirer dans
tes appartements. Mais moi, je ne sais pas pourquoi, on voudrait que je sois toujours «la char-
mante directrice éternellement souriante». Même
Jean-Loup me fait des reproches.

LUCAS : Mais il a raison Jean-Loup. Et encore, il
ne sait pas tout! Que tu me négliges, moi, tant pis,
j'en ai pris mon parti. Mais pour les autres, là-
haut, la pièce passe avant tout. Alors il faut t'occuper d'eux davantage.

*Marion, pendant cette tirade, n'a cessé de s'activer autour
de la table dressée pour Lucas. Elle le regarde de façon
neutre, sans lui répondre.*

Lucas : Tu ne me réponds pas?

MARION : Si je te répondais, je te dirais des choses
trop dures. Bon, tout est prêt, le café est là, j'y vais,
hein.

*Marion monte l'escalier pour sortir de la cave. Lucas
l'appelle :*

LUCAS : Marion!

MARION : Oui.

Marion s'arrête en haut de l'escalier.

LUCAS : Dans mon bigophone, j'ai entendu la répétition de la scène d'amour entre Bernard et toi…

MARION : Oui, alors ?

LUCAS : Je sais pas, ça m'a paru... Enfin... Ça pourrait être mieux.

MARION : Qu'est-ce que tu essayes de me dire au juste ?

LUCAS : C'est la seule scène d'amour de la pièce : essaie d'être... plus sincère...

73. Cabaret « La Joconde ». Intérieur soir.

Sur l'estrade, accompagnée par l'orchestre, Greta Borg, une jeune chanteuse allemande, chante une chanson franco-allemande : « Bei mir bist du schön ».

Après quelques mesures, nous panoramiquons vers Nadine au moment où elle entre dans le cabaret et jette un regard circulaire. Nous la suivons jusqu'à la table où Jean-Loup est déjà installé entre Marion et Arlette.

Nadine veut s'asseoir à côté de Marion qui l'arrête :

MARION : Non, Nadine, là c'est la place de Bernard.

NADINE : De toute façon, je ne peux pas rester, je voulais vous demander de m'excuser. J'ai rendez-vous avec les producteurs des « Anges de la Miséricorde ». Je ne suis pas sûre que ça marche, il y a deux autres filles sur le coup. J'ai pas pu savoir qui...

MARION : C'est un rôle superbe, je suis très heureuse si tu es choisie.

Tandis que Nadine les embrasse avant de se sauver, Jean-Loup ajoute :

JEAN-LOUP : On te tient les pouces ma petite Nadine... De toute façon, je trouve que, si tu

113

décroches le rôle, c'est très bon pour «La Disparue».

NADINE : Bon, je me sauve.

MARION : Bonsoir.

Nadine s'en va.

ARLETTE : Je suis sûre qu'elle va faire une très bonne lecture mais, à mon avis, ils ne la prendront pas… Nadine est encore un bébé, on la verrait mieux dans «L'Ecole des femmes».

JEAN-LOUP : Dans «L'Ecole des femmes», Nadine, dans le rôle d'Agnès? Moi, je veux bien, mais quand elle dira : «Le petit chat est mort», j'aime autant te dire que dans la salle, ils vont tous penser : «C'est elle qui a fait le coup!».

Éclats de rires de toute la tablée et arrivée de Bernard.

BERNARD : Ben, je vois que tout va bien ici!

MARION : Ah, Bernard, venez vous asseoir près de moi.

Elle lui désigne la chaise placée à côté d'elle.

BERNARD : Oui, non, mais, c'est que… Je ne suis pas venu seul. Je suis venu avec une amie. Simone, tiens, voilà, je vous la confie, je vais mettre tout ça au vestiaire et je reviens.

SIMONE : Bonsoir.

On s'installe différemment, Arlette venant prendre la place restée libre à côté de Marion.

JEAN-LOUP : Bonsoir.

MARION : Arlette, tu viens près de moi.

La jeune amie de Bernard exprime son admiration à Marion.

[[L'AMIE : Vous savez que vous êtes du même signe que moi? Moi aussi, je suis balance, et puis j'ai vu tous vos films, sauf «La Maison du Péché», parce que celui-là on m'a pas permis…

114

JEAN-LOUP *(à Marion)* : Tu vois. Je t'ai toujours dit que tu plaisais au public enfantin !

MARION *(à l'amie)* : Vous n'avez pas perdu grand chose, enfin je crois, parce que moi-même, je ne l'ai jamais vu.]]

Bernard arrive au vestiaire où se trouvent, devant lui, un officier allemand, une femme et un civil. Il donne son chapeau à la fille du vestiaire. Celle-ci place le chapeau sur une étagère où se trouvent déjà une dizaine de casquettes d'officiers allemands. Il ne fait aucun doute que cette vision provoque le revirement de Bernard.

FILLE : Attendez Monsieur, je vais vous donner votre ticket.

BERNARD : Oui. Excusez-moi Mademoiselle, rendez-moi mes vêtements, j'ai changé d'avis.

À la table de Marion, Bernard arrive et fait lever sa petite amie.

BERNARD : Je suis désolé, Madame Steiner, mais je ne peux pas rester. Oui, viens, on s'en va... Oui, j'avais complètement oublié... J'avais un rendez-vous.

MARION : Mais vous êtes libre Bernard, tout le monde est libre.

BERNARD : Excusez-moi tous et à demain, à demain.

JEAN-LOUP : À demain.

ARLETTE *(s'adressant soit à Marion, soit à Jean-Loup)* : Il y a un type, derrière, qui n'arrête pas de regarder vers nous. Ne te retourne pas, il arrive.

Bernardini arrive et salue la compagnie.

BERNARDINI : Salut Cottins. Ça va comme tu veux ?

JEAN-LOUP : Eh oui...

BERNARDINI : Ah, tu es toujours dans le théâtre, toi tu es un pur, un vrai mordu...

Puisqu'on ne l'invite pas à s'asseoir, Bernardini s'est appuyé sur le dossier d'une chaise vide.

BERNARDINI : Dis donc, Cottins, tu fais pas les présentations ?

JEAN-LOUP : Je suis désolé, je ne me souviens plus de ton prénom.

BERNARDINI : René, René Bernardini.

JEAN-LOUP : Ah ben, oui, c'est ça. René Bernardini. Arlette Guillaume, Marion Steiner.

MARION : Bonsoir.

Arlette demande qu'on l'excuse, et part vers les toilettes. On la suit en panoramique et, au moment où elle entre dans le vestiaire, on continue le pano pour recadrer Daxiat dans un box.

ARLETTE : Excuse-moi, Marion, je reviens dans une minute.

MARION : Tu reviens hein ?

On revient à la table de Marion.

ARLETTE : Oui, excusez-moi.

BERNARDINI : Je ne sais pas ce que vous en pensez, mais l'ambiance n'est pas formidable ici. Allez, je vous invite tous au « Monseigneur »…

JEAN-LOUP : Oh, non, non, non, Marion est fatiguée… Tu sais, nous sommes en pleines répétitions…

MARION : Enfin, Jean-Loup, arrête de décider à ma place. Moi, j'ai envie d'aller au « Monseigneur »…

JEAN-LOUP *(sidéré)* : Mais écoute, Marion… Attendons au moins Arlette.

MARION : Non, non. On vous laisse là tous les deux. Vous êtes des rabat-joie. Moi, je n'ai pas sommeil, et puis c'est vrai que c'est sinistre ici…

Bernardini, ravi, en est devenu presque timide. C'est Marion, à présent, qui doit l'entraîner vers la sortie.

116

MARION : Aller venez, on y va.

On accompagne Bernardini et Marion. En chemin, ils croisent Arlette.

ARLETTE : Mais que se passe-t-il ? Où allez-vous ?

Marion l'embrasse et lui dit, avec désinvolture :

MARION : Bonsoir. Ce soir, je fais bande à part.

On revient avec Arlette à la table où Jean-Loup est seul.

ARLETTE : Qu'est-ce que c'est que cette histoire ?

JEAN-LOUP : Ah mais ça, c'est tout Marion. Elle a vu que la soirée était gâchée, alors elle veut continuer le gâchis jusqu'au bout.

74. Appartement hôtel Marion. Intérieur matin.

La caméra est à l'intérieur de la chambre. La porte s'entrouvre pour laisser passer Yvonne, la femme de chambre, portant le plateau du petit déjeuner destiné à Marion. Elle s'arrête, surprise, et un pano nous montre ce qu'elle regarde : le lit de Marion vide, dans lequel personne n'a dormi.

75. Extérieur et intérieur théâtre jour et soir.

Il s'agit d'une séquence musicale de montage où l'on verra peu à peu le théâtre se préparer pour la générale. Nous filmerons des actions qui peuvent être comprises sans dialogue :

Façade Théâtre.

Raymond, aidé de Jacquot, colle les affiches annonçant le spectacle et punaise, sous vitrine, quelques photos de scène.

Salle des machinistes.
Sous la direction d'Arlette, Raymond et son machiniste procèdent à une transformation des éléments.

Hall du théâtre.
Deux femmes de ménage nettoient le hall. Le bureau de la location est déjà ouvert. Six ou huit personnes attendent devant la caisse. Un homme donne un coup de coude à sa voisine et lui désigne Marion qui passe derrière la porte vitrée.

Scène du théâtre.
On est dans le noir. Au balcon de côté, un électricien effectue une manœuvre. Un projecteur éclaire Jacquot assis sur une chaise. Une manette abaissée. Retour au noir.

Cave.
Lucas est seul. Il écoute les bruits qui lui parviennent de la scène. Il tourne en rond, il est nerveux, il se contraint à l'immobilité, étend les bras devant lui et regarde ses mains qui tremblent.
Flashs troublants entre Bernard et Marion.
Portrait de Lucas enlevé du hall et remis...[3]

[[76. Cave Lucas. Intérieur soir.

Nous passons du plan imprimé du Théâtre à la maquette de la salle. Chacun des quatre cents fauteuils du Théâtre porte un numéro. La main de Marion désigne, à l'aide d'un crayon, les places, au fur et à mesure qu'elles sont attribuées par Lucas.
LUCAS : Le Petit Parisien ces deux places, là. La

Gerbe, ici. *Au Pilori*, on les met là, au dix-neuf et vingt-et-un. *Comoedia*, au quatrième rang.

MARION : Tu es fou, tu mets *Comoedia* au bord de l'allée…

LUCAS : C'est exprès, le type vient toujours avec sa mère. Elle marche avec une canne : comme ça elle peut étendre sa jambe.

MARION : *Je suis Partout.* Alors là, au 19, tu donnes les meilleures places à Daxiat ?

LUCAS : Je l'ai fait exprès. Tu connais ma théorie : il faut donner les meilleures places à nos ennemis. *Il est en train de se raser. Il la traite comme une secrétaire.*]]

77. Bureau-Loge Marion et couloir. Intérieur soir.

M. Merlin (l'administrateur), Arlette et Jean-Loup prennent connaissance du plan de la Générale que Marion a préparé avec Lucas.

ARLETTE : Ah ! Je le vois Daxiat : il a le dix-sept et le dix-neuf, au milieu du septième rang…

JEAN-LOUP : Tu n'oublies pas les vingt places pour la propagandastaffel…

La réplique de Jean-Loup provoque un silence et il sent tous les regards dirigés vers lui.

JEAN-LOUP : Qu'est-ce que j'ai dit d'extraordinaire ? C'est obligatoire !… Vingt places tous les soirs, c'est pas moi qui ai inventé le règlement.

MERLIN : À l'Odéon, ils leur donnent des loges sur le côté, comme ça, quand elles restent vides, c'est pas grave.

MARION : Eh bien nous, on fera comme à l'Odéon, on les mettra dans les loges.

ARLETTE : Un fournisseur, il ne voudra pas venir sans sa fille et son gendre. Je lui ai promis quatre places.

JEAN-LOUP : Ah mais, il ne fallait pas promettre. Arlette, son tissu, il ne nous le donne pas, il nous le fait payer…

MARION : S'il veut venir au Théâtre avec trois personnes, il n'a qu'à payer ses places, le bureau de location est ouvert.

JEAN-LOUP : Et alors…

ARLETTE : Alors ça c'est vraiment fort. On donne les meilleures places à des gens qui se font un plaisir de nous éreinter, et on refuse quatre places à des gens qui seront émerveillés d'avance.

JEAN-LOUP : Oui mais, tu sais ce qu'aurait dit Lucas : « Il faut donner les meilleures places à ses ennemis ».

Nadine entre en trombe dans le bureau, sans même refermer la porte.

NADINE : Excusez-moi. Germaine, vous n'avez pas rangé des choses dans ma loge ? J'arrive pas à retrouver mon sac.

JEAN-LOUP : Allons bon !

Tout le monde sort dans le couloir. Jean-Loup fonce dans sa loge.

Du bout du couloir arrive Bernard, habillé chaudement avec sa canadienne.

MARION : Bernard. Allez voir dans votre loge s'il ne vous manque pas quelque chose.

Bernard entre dans sa loge.

MARION : Alors ?

La caméra est passée sur le visage de Raymond angoissé.

BERNARD *(sortant de sa loge)* : Ben, je ne retrouve plus mon petit réveil de voyage. Mais je ne sais pas... Je n'ai pas l'impression qu'il me manque quelque chose d'autre.

Jean-Loup sort de sa loge, montrant son portefeuille vide.

MARION : Et toi Jean-Loup, alors, qu'est-ce qu'il te manque ?

JEAN-LOUP : Ben, j'ai retrouvé mon portefeuille, mais il est vide.

MARION *(à Nadine)* : Finalement, c'est pour toi Nadine, alors que c'est le plus grave.

NADINE : Ben oui, parce que l'argent encore, mais ils m'ont pris mes cartes d'alimentation, mes papiers d'identité, ma carte du comité et puis surtout, mon Ausweis pour circuler la nuit.

ARLETTE : Heureusement que j'avais fermé ta loge à clé, Marion.

MARC : Vous voulez que j'appelle la police Madame Steiner ?

MARION : Sûrement pas, on va chercher nous-même.

JEAN-LOUP : Ça, c'est le coup de Radio-Paris la semaine dernière. Y'a des déménageurs qui sont venus pour enlever un piano, on l'a jamais revu. Les déménageurs, ils étaient pas plus déménageurs que moi.

NADINE : Oui mais tout ça, c'est très joli, mais ça me rend pas mes papiers. En tous cas, j'aimerais bien savoir qui a fait le coup.

Tout le monde regarde vers Germaine qui, elle, regarde Raymond.

GERMAINE : Eh ben moi, je sais qui a fait le coup. Enfin, j'en suis pas sûre. Excuse-moi Raymond, tu sais à qui je pense. Oh, je sais, tu n'es sûrement pas d'accord...

RAYMOND : Si, si, je suis d'accord! Mais bien sûr, évidemment, c'est elle. J'ai tout de suite compris...

GERMAINE : Ça ne peut être que Martine... Il n'y a qu'elle qui...

MARION : Écoutez Raymond, on va pas mêler la police à tout ça, alors vous allez directement chez Martine, et vous essayez de...

BERNARD : Si tu veux Raymond, je vais avec toi.

RAYMOND : Mais, je sais pas où elle habite.

GERMAINE : Mais enfin, c'est tout de même ta poule...

RAYMOND : Mais non, c'est pas ma poule, elle a jamais voulu. C'est une fille qui passe dans les théâtres comme ça, pour vendre des trucs au marché noir, c'est comme ça que je l'ai connue... Bon, une fois, je lui ai payé le cinéma, une autre fois, je l'ai emmenée au restaurant; mais c'est tout... Je vous jure, je connais pas son adresse. Je suis jamais allé chez elle, elle est jamais venue chez moi. Seulement comme elle était belle fille, moi ça me plaisait bien que tout le monde croie qu'on couche ensemble...

D'après les réactions du groupe dans le couloir, on sent que le sens de la scène a dévié, la «confession» de Raymond ayant créé une sorte de commisération unanime. Néanmoins, le dialogue continue :

L'ADMINISTRATEUR : Madame Steiner, dans ce cas-là, on appelle la police.

GERMAINE : Oui, la police.

MARION : Je n'ai pas dû m'exprimer assez clairement : je ne veux pas que la police mette les pieds
dans ce théâtre.

78. Hall. Extérieur jour.

*Une queue s'est formée devant les caisses, à l'entrée du
théâtre.*
RAYMOND : Pardon, non, s'il vous plaît Mes-
dames, s'il vous plaît sur une file. Dégagez le pas-
sage, s'il vous plaît. Merci.
UNE DAME : Est-ce qu'on peut louer pour ce soir ?
RAYMOND : Mais non, Madame, ce soir, c'est à
bureau fermé, c'est une première.
Marion passe pour entrer dans le théâtre.
RAYMOND : Bonsoir Madame Steiner.
MARION : Bonsoir.
RAYMOND : Allez, sur une file. Comme ça, vous
serez à l'abri.
UNE DAME : T'as vu, regarde c'est Marion Steiner.
LA CAISSIÈRE : Madame !

79. Escalier, palier, couloir, loges. Intérieur soir.

*On précède un petit livreur transportant une corbeille
de fleurs derrière laquelle il disparaît : il se fraie un
chemin au milieu de l'agitation du couloir et vient
frapper à la porte de la loge de Marion. Germaine
ouvre et donne une pièce au jeune garçon.*
LIVREUR : On m'a dit d'aller porter ça dans le
bureau de la directrice mais je sais pas où c'est.

ARLETTE : C'est la porte vitrée sur le palier.

NADINE : Pour Madame Steiner, c'est la loge là-bas, au fond.

GERMAINE : Ah non, non, non, mettez ça dans le bureau. Si Marion veut se reposer, je veux pas qu'elle soit empoisonnée.

On suit le trajet de la corbeille de fleurs qui rejoint quatre autres bouquets au sol le long du mur du couloir… Dans le couloir, Marc répète sa phrase.

MARC : J'ai vu de la lumière, j'ai cru voir un vagabond et j'ai tiré, j'ai vu de la lumière, j'ai cru voir un vagabond et j'ai tiré.

Pendant cette petite scène, nous entendons des échanges sonores animés qui nous font comprendre que le grand jour est arrivé : celui de la «générale».

80. Cave Lucas. Intérieur soir.

Lucas se tient près du «bigophone» d'où lui parviennent des voix et des bruits qui traduisent une agitation sur scène plus grande que d'habitude. Marion mord à pleines dents un sandwich de pain et de jambon cru. Lucas la regarde en hochant la tête.

LUCAS : Je les entends Marion, je les entends. Tu entends ? Je ne comprends pas comment tu fais pour manger. Moi je ne pourrais pas.

MARION : Mais si tu peux. Tiens.

Elle lui tend son sandwich. Il essaie sans conviction de mordre dedans et renonce.

LUCAS : Non, non, non, je t'assure, je ne peux pas. Je ne pense qu'à une chose : qu'est-ce qui arrive si c'est la catastrophe, ce soir ?

MARION : Eh bien on monte une autre pièce.

LUCAS : Avec quel argent dis-moi, avec quel argent ? Tu as vu les comptes ? Moi, je les ai regardés : si « La Disparue » se casse la gueule, on perd le Théâtre ! C'est épouvantable et moi, je ne comprends pas comment tu fais pour rester calme.

MARION : Écoute Lucas. Tu as choisi la pièce, tu as choisi la façon de la monter, on a suivi toutes tes indications, c'est ton travail que les gens vont voir ce soir, et si ça ne marche pas…

LUCAS (*l'interrompant*) : Si ça ne marche pas, ça ne marche pas. Ce sera ma faute, mon unique faute, ma très grande faute… N'empêche que ce sera la merde.

MARION : Tiens, bois un peu.

Marion s'est servie du vin dans un verre et, avant de le boire, elle le tend vers Lucas pour lui porter un toast muet.

Lucas montre à nouveau qu'il est sidéré par la bonne humeur de Marion. Il se tient le ventre avec le bras, il a le buste penché en avant.

LUCAS : Vraiment, je sais pas comment tu fais… Je ne tiens même plus debout, j'ai ma barre au ventre.

MARION : Écoute, reste tranquille. Attends, prends une couverture pour te réchauffer le ventre, assieds-toi.

LUCAS : Merci.

MARION : Voilà, il faut que j'y aille. Tu écoutes bien, tu me diras tout, hein ?

LUCAS : Oui.

MARION : À tout à l'heure.

LUCAS : Quand je pense que c'est moi qui devrais te rassurer.

MARION : Mais tu n'as pas besoin de me rassurer, je me sens légère comme un pinson.

Elle est déjà dans l'escalier. En haut, elle écoute, ouvre précautionneusement la porte, passe la tête, se retourne vers Lucas en lui adressant un clin d'œil (ou en mettant un doigt sur ses lèvres) et sort vivement.

81. Couloir loges. Intérieur soir.

Nous voyons Marion arriver en courant, une main serrée sur les lèvres.
Elle se précipite dans les toilettes et, sans même prendre le temps de fermer la porte, elle vomit dans le lavabo.

82. Théâtre (lieux divers). Intérieur soir.

Quelques flashs vont nous mener jusqu'au lever du rideau.

83. Salle.

Plan général de la salle où la lumière s'éteint et les conversations s'arrêtent.
Plan serré de Rosette (la petite ouvrière juive) assise au balcon. On entend trois coups.

Scène.
Vu du balcon : le rideau se lève sur la scène plongée dans l'obscurité. La lumière monte peu à peu, permettant au public de voir le décor, la vaste cuisine d'un

domaine campagnard à la fin du siècle dernier. À
gauche, quelques marches d'escalier donnant sur une
porte. Sur le fond, une grande fenêtre et, à gauche, une
autre porte qui donne sur le jardin que l'on peut voir
en découverte à travers la fenêtre : paysage d'automne
stylisé et quelques arbres.
Les spectateurs applaudissent le décor.
Dans la coulisse, Jean-Loup donne un coup de coude
complice à Arlette.

84. Cave.

Lucas entend les premiers applaudissements. Il est en
train d'allumer une cigarette avec son briquet. En même
temps qu'un sourire arrive sur son visage, il secoue son
briquet comme s'il s'agissait d'une allumette à éteindre
et le rejette machinalement sur le sol.

85. Scène et coulisses. Intérieur soir.

On commence sur Marion (Helena) en coulisses qui
respire un grand coup avant d'entrer en scène. Elle
pousse la porte et descend les quelques marches de l'es-
calier qui l'amènent à la cuisine où Nadine (Harriett)
est en train de débarrasser la table. Applaudissements.
HARRIETT : Monsieur Eric n'est pas avec
Madame ?
HELENA : Il ne tenait pas en place ce matin. Oh, je
sais où il est : il a dû grimper à la grille d'entrée
pour surveiller la route.
HARRIETT : Monsieur Eric a eu beau supplier, le

docteur Sanders a refusé de l'emmener à la gare.

HELENA : Mon parrain fait toujours pour le mieux. Je pense qu'il aura voulu se trouver seul à seul avec le précepteur pour lui parler de son nouvel élève. Oh bien sûr, si le docteur Sanders m'avait demandé ma pensée, je lui aurais dit qu'Eric n'a pas besoin d'un précepteur. Il est encore si petit et j'ai tant de plaisir à lui apprendre le peu que je sais…

HARRIETT : Vous avez raison Madame, mais je crois quand même qu'il y a trop de silence pour Monsieur Eric dans cette grande maison[4]. Vous savez, ma mère m'a raconté que lorsqu'elle travaillait au domaine il y avait parfois jusqu'à vingt personnes à dîner.

Pendant la dernière partie de la réplique d'Harriett, nous sommes revenus sur scène et nous allons suivre maintenant en priorité une action parallèle dans les coulisses tandis que le texte de la pièce continue sur scène.

Coulisses.

Raymond s'aperçoit avec surprise que le pompier de service porte l'étoile Juive, et il mime son étonnement.

LE POMPIER *(à voix basse)* : On est vingt-cinq à Paris… Parce qu'on est d'utilité publique… Le capitaine a demandé à la préfecture, pour qu'on soit dispensé de porter l'étoile. Mais il n'y a pas moyen, ils ne veulent pas…

Il termine son explication avec un geste fantaisiste.

Scène.

HELENA : Je n'ai qu'à fermer les yeux et je revois tout : la salle à manger n'était pas assez grande ; notre table, à nous les enfants, était dressée dans le grand couloir ! Et il y avait des cavalcades, des cris, des rires... Et le jour de mon anniversaire, lorsque le docteur Sanders m'a dit : « À partir d'aujourd'hui, tu mangeras à la table des grandes personnes », je ne pouvais plus m'arrêter de pleurer.

86. Hall. Intérieur soir.

Dans le hall, du monde attend, à l'extérieur du théâtre. La mère de Jacquot tente de passer discrètement.

MÈRE DE JACQUOT : Bonsoir.

MERLIN : Bonsoir Madame Thierry.

UNE VOIX : Excusez-moi, mais alors, pourquoi cette dame rentre ?

MÈRE DE JACQUOT : Il y a un petit garçon qui joue dans la pièce. Je suis sa maman, c'est tout.

MERLIN : Et voilà !

87. Coulisses puis scène. Intérieur soir.

Bernard a rejoint Raymond dans les coulisses, il lui reste quelques secondes avant d'entrer en scène.

RAYMOND *(à voix basse)* : Ça va ?

Bernard prend l'air accablé et de la main indique que son cœur bat la chamade.

RAYMOND *(à voix basse)* : Tu sais ce que disait le patron ? « Le théâtre mon petit, c'est comme les chiottes et comme le cimetière : quand il faut y aller, faut y aller. »

Bernard (Carl) ouvre la porte et entre en scène où se trouvent déjà Marion (Helena), Jean-Loup (Dr Sanders) et Jacquot (le petit Eric). Le docteur Sanders attire l'attention d'Helena qui regardait par la fenêtre et n'a pas vu entrer Carl.

DR SANDERS : Je vous présente Monsieur Carl, le nouveau précepteur.

Helena, apercevant Carl, étouffe un cri de surprise et recule lentement de trois pas.

DR SANDERS : Oui, pardonnez-moi, j'aurais dû vous prévenir. Effectivement la ressemblance est étonnante.

HELENA *(qui s'est ressaisie)* : Je ne vois pas de quelle ressemblance vous voulez parler. On ne m'avait pas parlé d'un étudiant, on m'avait parlé d'un homme d'expérience...

CARL : Mais Madame, je peux vous montrer, j'ai des lettres de recommandations.

À partir de maintenant nous allons suivre une double action : la pièce continue sur scène, mais certains des comédiens, principalement Marion et Jean-Loup, vont être conscients de l'arrivée tardive et bruyante de Daxiat.

Dans la salle.

– *Vu par Jean-Loup (tandis que Marion parle) :
Daxiat descend l'allée centrale, encadré par deux
« souris grises ».*

– *Vu par Marion (qui parle) : Daxiat, arrivé à la
hauteur du septième rang, semble se disputer avec
l'ouvreuse au sujet de la troisième place qui ne lui
était pas réservée.*

– *Tandis que Jean-Loup parle, Daxiat et l'ouvreuse se
sont mis d'accord. Daxiat et ses deux compagnes
gagnent le milieu du rang tandis qu'une dizaine de
spectateurs se décalent d'un fauteuil.*

– *Vu alternativement par Jean-Loup et Marion (et aussi
par Raymond des coulisses) : Daxiat est enfin installé
et ses voisins peuvent à nouveau jouir du spectacle.*

– *Les bras croisés et mâchonnant son cigare éteint,
Daxiat fait un mouvement de menton, fixe la scène
et semble dire : « Maintenant montrez-moi ! ».*

Sur la scène.

HELENA : Je ne mets pas en doute votre savoir. Ce que
je dis, c'est que pour cet enfant qui n'a vécu qu'entre
son oncle et moi, il était souhaitable qu'il soit guidé
par quelqu'un qui… Enfin, je ne sais pas. Vous êtes là,
et puisque mon parrain a placé sa confiance en
vous… Eric, va saluer ton nouveau précepteur.

131

Carl s'est écarté avec l'enfant qui lui présente ses cahiers, tandis que Sanders a entraîné Helena au premier plan.

DR SANDERS : Gardez votre sang froid, Helena. Décidément, votre mémoire vous trahit. Voilà la lettre de candidature et je peux vous affirmer que vous l'aviez déjà lue, il y a un mois.

HELENA *(la lettre cachant son visage)* : Quel salaud ton Daxiat! *(À voix haute)* Oui mon oncle, sans doute vous avez raison, j'ai été troublé.

DR SANDERS : Sans doute la ressemblance.

HELENA : Je ne sais pas, chaque visage nouveau me bouleverse. Il me faut quelques jours pour m'habituer. Éric semble content.

Carl a traversé la scène et il est près de la porte. Le petit Eric se précipite vers Helena.

ÉRIC : Maman, est-ce que je peux montrer le domaine à Monsieur Carl?

DR SANDERS : Oui, oui, va mon enfant

Carl et le petit Eric sortent.

Le public applaudit la sortie de l'enfant. On voit Daxiat applaudissant.

88. Cave Lucas. Intérieur soir.

Lucas, assis à son poste devant le bigophone, écoute la suite de la scène. Il a déjà rempli plusieurs pages de notes.

HELENA : Mais la lettre que vous m'aviez montrée n'était pas la sienne. Je ne comprends pas ce que vous cherchez à obtenir de moi.

DR SANDERS : Helena, ma petite Helena, quand me feras-tu enfin confiance ? Ne sais-tu pas que je suis l'homme au monde qui t'aime le plus ? Et puis il y a autre chose.
HELENA : Quoi d'autre ?
DR SANDERS : Il y a que je ne veux pas te perdre.
Lucas a un sourire content en écoutant la dernière réplique et les applaudissements qui accompagnent la chute de rideau.

89. Scène et coulisses. Intérieur soir.

Pendant le court entracte, activité intense mais silencieuse car tout le monde est en espadrilles.
Le rideau est baissé. Sur la scène, uniquement éclairée par la lampe de service, Raymond, aidé de deux machinistes, procède à la modification-éclair du décor : la cuisine va devenir un salon. La fenêtre glisse de gauche à droite et on dégage le bas du mur pour la transformer en porte-fenêtre, tandis que deux rideaux tombent des cintres pour l'encadrer.
RAYMOND : Allez hop, appuyez-là, appuyez-là, appuyez-là doucement, c'est ça, doucement, doucement.

90. Loge Marion. Intérieur soir.

Marion, debout devant son miroir, est en train de dégrafer sa robe, aidée par Germaine. Germaine fait tourner le petit Jacquot vers le mur.
MARION : Allez, Germaine, Germaine !

GERMAINE : Ne bouge pas. Tu restes là ! Alors, ça s'est bien passé, vous êtes contente ?

MARION : Je ne sais pas, il ne faut rien dire tant que ce n'est pas fini.

Germaine a posé la robe de Marion sur un cintre qu'elle va accrocher à côté d'une version déchirée de la même robe.

91. Hall. Intérieur soir.

Dans le hall, quelques photographes attendent toujours, contenus par Merlin.

UN HOMME : Qu'est-ce qui se passe, il est 11h10.

MERLIN : Oui, on a pris cinq minutes de retard à l'entracte.

UN HOMME : Oui, mais on ne peut pas rentrer ? Sans faire de bruit évidemment.

92. Scène et coulisses. Intérieur soir.

Après l'entracte, nous retrouvons la représentation en cours.

Nadine (Harriett) entre en scène, une lampe à pétrole à la main, seul point lumineux dans le décor. Au fur et à mesure qu'elle se rapproche du centre de la scène, la lumière augmente et révèle Marion, debout dans la robe déchirée.

HARRIETT *(criant)* : Madame !

Elle pose la lampe sur un meuble et sort rapidement vers les coulisses où nous la suivons.

Nadine circule derrière le décor en continuant à crier :

HARRIETT : Madame est revenue! Madame est revenue! Madame est revenue!

Elle adresse à Bernard un clin d'œil complice avant que celui-ci n'entre en scène à son tour...

CARL : Je vais vous dire quelque chose sur le docteur Sanders.

HELENA : Non, taisez-vous, vous n'avez pas le droit.

CARL : Je parlerai Helena, il le faut. J'ai la preuve que le docteur Sanders n'est pas revenu ici le <u>lendemain</u>, mais la <u>veille</u> de la mort de Charles-Henri.

HELENA : Ah!

Remous dans la salle. Helena s'évanouit. La scène est plongée dans le noir mais seulement pour quelques secondes.

La lumière se rallume presque aussitôt. Elle éclaire Carl, debout au fond de la scène. Il s'approche de la rampe et on découvre alors Helena, allongée sur un divan, au devant de la scène.

CARL : Depuis que je suis entré dans cette maison, je n'ai entendu que des mensonges, et ces mensonges se contredisent terriblement.

HELENA : Ce n'étaient pas des mensonges, c'étaient des trous noirs. Depuis des années, j'étais la première à chercher cette vérité. Ne comprenez-vous pas combien c'est terrible de ne pas savoir qui j'étais, ce que je faisais, et plus encore de vivre dans l'angoisse que cela se produise à nouveau. Parfois, j'avais l'impression de ne pas exister réellement.

CARL : Mais lorsque je suis venu vous dire tout simplement «Helena je vous aime», pourquoi avez-vous refusé de m'écouter?

HELENA : Mais je n'avais pas le droit d'aimer, comprenez-vous cela ? Je n'avais pas le droit d'aimer, ni d'être aimée.

CARL : Et maintenant ?

HELENA : Maintenant je viens à l'amour Carl, et j'ai mal. Est-ce que l'amour fait mal ?

CARL : Oui l'amour fait mal. Comme les grands oiseaux rapaces, il plane au-dessus de nous, il s'immobilise et nous menace. Mais cette menace peut être aussi une promesse de bonheur. Tu es belle Helena, si belle que te regarder est une souffrance.

HELENA : Hier vous disiez que c'était une joie.

CARL : C'est une joie et une souffrance.

Le rideau final tombe. Les applaudissements crépitent, généreux, sincères et enthousiastes. Quelques applaudissements individualisés : ceux du critique Daxiat et de la petite juive au balcon.

Les acteurs reviennent saluer, une première fois, toute la troupe. Ensuite Jean-Loup n'envoie que Bernard et Marion sur scène.

93. Cave. Intérieur nuit.

Dans la cave, Lucas écoute les applaudissements. Il groupe peut-être les feuillets de notes qu'il a prises. Il semble épuisé et exalté. Il saisit sa bouteille de bière, s'aperçoit qu'elle est vide et, simplement pour faire quelque chose de physique, la brise contre un angle du mur de pierre de la cave, mais sans cesser de la tenir à la main par le goulot.

94. Scène et salle théâtre. Intérieur soir.

Marion et Bernard, seuls, envoyés par Jean-Loup saluent. Le rideau retombe. Marion se jette dans les bras de Bernard et l'embrasse :

MARION : On les a eus, Bernard, on les a eus !

La foule des spectateurs s'écoule vers les portes de sortie à l'exception de certaines personnes qui se regroupent près de la scène, devant la porte qui mène aux coulisses.

Jean-Loup Cottins, plein d'autorité, se tient là, il bloque la porte et à tous ceux qui disent : «Nous voulons voir les acteurs... Les féliciter... Nous voulons embrasser Marion Steiner», il oppose un refus sans appel.

Néanmoins, nous voyons que Jean-Loup glisse un mot à l'oreille de certains privilégiés que nous retrouvons sur scène, mêlés à la petite fête intérieure.

JEAN-LOUP : Non, pardon mes amis, je suis désolé mais franchement, Marion est épuisée. Elle a un rôle terrible, vous avez vu et elle a besoin de se reposer. Oui, passe, toi. Ça a bien marché hein ? Envoyez-lui plutôt un petit mot, ça lui fera infiniment plus de plaisir ! Ah, vous étiez là, je savais pas.

UNE DAME : Bonsoir cher ami.

JEAN-LOUP : Je savais pas du tout, bonsoir.

LA DAME : Mon mari est avec moi, Komm Gleich.

JEAN-LOUP : Ah oui.

L'ALLEMAND : Guten tag.

JEAN-LOUP : Ah bon, ah bon. De toute façon, on s'appelle. Tu fermes, tu es gentil. Oui, il faut qu'on se voie.

95. Scène et coulisses. Intérieur nuit.

Le rideau est baissé, Raymond et Marc amènent des bouteilles et l'on comprend que la troupe improvise une petite fête privée, dans les décors même de la pièce.

GERMAINE : Allez, dépêchez-vous les enfants et attention aux verres.

RAYMOND *(les bras pleins de bouteilles de champagne)* : Tout de suite?

MARION : Oui, vous les posez là.

ARLETTE : Alors, ça s'est bien passé hein?

MARION *(à Nadine)* : Tu sais que tu étais formidable.

NADINE : Merci Marion.

ARLETTE : Tu vois, Marion, j'en étais sûre. La robe déchirée est beaucoup plus belle que l'autre.

JEAN-LOUP : Il faut absolument que je te présente, le capitaine Wiedekind et Madame.

LA DAME : Mon mari est désolé de ne pas parler français.

LE CAPITAINE : Das war sehr gut gespielt.

Bernard, plus pensif qu'à l'ordinaire, suit des yeux Marion qui circule à travers le groupe pour dire un mot à chacun.

RAYMOND : Hé, hé, ben t'en fais une tête, oh, oh, sois pas triste écoute.

BERNARD : Non, je suis pas triste, à la tienne, non c'est bien.

MARION : Bonsoir.

UNE DAME : Bonsoir.

MARION : Bonsoir, alors?

UN MONSIEUR : Oh c'était très émouvant.

UNE DAME : Vraiment romantique.

MARION : Excusez-moi... Eh bien Raymond, finalement, ça s'est bien passé hein ?

RAYMOND : Ah oui, ben, à part finalement le coup de Daxiat.

MARION : Et bien Bernard qu'est-ce que vous faites là tout seul dans votre coin ?

BERNARD : Ben rien, je pensais à la pièce, et je voulais vous dire que c'est, c'est, c'est vraiment extraordinaire de jouer avec vous. Oui vraiment, j'étais très ému.

MARION : Ben, je ne sais pas comment j'étais, mais moi je vous ai trouvé vraiment formidable.

BERNARD : Oh enfin, ça sera mieux dans deux ou trois jours.

Lorsqu'elle se rapproche de Bernard, Marion aperçoit au fond de la coulisse et la cherchant des yeux, Bernardini, son danseur de cabaret. Marion se dissimule derrière un élément de décor en entraînant Bernard qu'elle tient familièrement par la main.

MARION : Bernard !

BERNARD : Oui.

MARION : Aidez-moi, vous voyez cet homme là-bas ?

BERNARD : Lequel ? Celui qui est tout seul ?

MARION : Oui, je veux qu'il s'en aille, je ne veux pas le voir.

BERNARD : Bon ben attendez.

Bernard avance droit sur Bernardini.

BERNARD : Bonsoir Monsieur...

BERNARDINI : Ah, bonsoir, vous me reconnaissez ?

BERNARD : Oui bien sûr, mais voilà, je voulais vous dire, vous ne pouvez pas rester ici, parce que c'est une réunion privée, de travail, enfin, une réunion de travail...

BERNARDINI : Oui, mais Marion Steiner m'attend…

BERNARD : Non, elle n'attend personne, elle est épuisée voyez, elle s'excuse. Alors la sortie, c'est par là…

BERNARDINI : Mais je voulais savoir au moins si elle a reçu mes fleurs…

BERNARD : Ah, vos fleurs ? Ah oui, parlons-en : il ne faut jamais offrir des œillets à une actrice enfin, ça porte malheur !

BERNARDINI : Mais ce n'étaient pas des œillets, c'étaient des roses !

BERNARD : Des roses et bien oui, justement, mais il y avait tellement d'épines qu'elle avait les mains en sang Madame Steiner. Non mais je vous assure, en sang alors moi, je serais à votre place, je rentrerais chez moi oui, plus vite que ça. Non, non, vraiment allez, au revoir oh !

Enchanté de ses trouvailles, Bernard rit tandis que l'admirateur se retire. Bernard s'aperçoit que Marion s'est éclipsée, volatilisée.

Il cherche vainement en répondant distraitement.

UNE DAME : Bonsoir.

BERNARD : Ah tu étais là !

LA DAME : Oui, c'était formidable.

BERNARD : Merci.

UNE AUTRE DAME : Extraordinaire.

BERNARD : Oui, merci.

UN MONSIEUR : Monsieur, vous étiez excellent.

ARLETTE : Ça s'est très bien passé.

BERNARD : Ah bon, merci.

GERMAINE : On dirait que tu cherches quelqu'un, mon grand !

BERNARD : Ah non, non, je cherche personne.

140

96. Cave Lucas. Intérieur nuit.

Marion est très animée, on la sent heureuse.
MARION : Mais enfin Lucas, c'est gagné. Je ne te comprends pas : tu as bien entendu la salle ? On a gagné...
LUCAS : On a gagné... On a gagné... En tout cas, c'était loin d'être parfait, je t'assure... Je te prie de croire que d'ici, on sent beaucoup mieux tout ce qui ne va pas. J'ai pris des notes, je vais te les lire. Viens, assied-toi. Eh bien alors, d'abord...
Marion s'asseoit, l'air résigné, mais lorsqu'elle voit Lucas saisir la pile de feuillets, elle se lève et se révolte :
MARION : Non mais enfin, écoute, tu es fou. Tu ne vas pas me lire tout ça ? Les autres m'attendent, ils se demandent où je suis. Je peux pas rester si longtemps...
LUCAS *(insistant)* : Alors, je veux que tu reviennes après.
MARION : Mais après quoi ? On est là-haut, tous ensemble ! Écoute Lucas, tu sais comment c'est ? Je peux pas les quitter comme ça...
LUCAS : Bon, alors, reviens me voir cette nuit.
MARION : Non, c'est impossible. Écoute, sois raisonnable. Je viens te voir demain matin, avant l'arrivée de tout le monde...
LUCAS : Mais au moins, emporte mes notes... Pour les étudier.
MARION : D'accord.
Elle prend le paquet de notes et réalise qu'elle ne peut les cacher nulle part sur elle, dans sa robe de scène.
Marion : Non, mais écoute, regarde, où veux-tu que je les mette ? Non, gardes-les, on les verra

ensemble demain… Embrasse-moi… À demain.

Lucas ayant détourné la tête, Marion le regarde un bref moment. Elle comprend sa tristesse, mais le temps presse et elle quitte la cave vivement.

À peine Marion a-t-elle refermé la porte, Lucas se retourne vers nous, accablé. Il nous semble soudainement vieilli et sa solitude, cette fois, est visible.

Il circule dans la cave et se rapproche du « bigophone » d'où ne lui parviennent que les exclamations joyeuses de la troupe fêtant sur scène le succès de la soirée.

GERMAINE *(off)* : J'ai bien cru que la robe de Marion allait se prendre dans la porte.

JEAN-LOUP : Tout de même, entre le 2 et le 3 on a gagné 35 secondes dans le changement.

ARLETTE : Bien sûr que Daxiat est une ordure.

JEAN-LOUP : Oui, il fera une bonne critique parce qu'il a aimé simplement, je le connais, mais si, si, si, il aime ce genre de trucs.

GERMAINE : Je l'ai vu applaudir à tout rompre.

JEAN-LOUP : Oui, oui, oui, Ah! Ben Marion, où étais-tu passée. Tiens, donnez du champagne.

Lucas n'en peut plus de solitude. Pour ne plus entendre la joie des autres, il arrache le dernier entonnoir de son « bigophone » et comme les exclamations rieuses, même assourdies, lui parviennent encore, il saisit un foulard et un chandail dont il fait une boule afin d'obstruer l'orifice.

97. Rue. Éventaire marchand de journaux. Extérieur soir.

Un plan rapproché nous montre des mains rassemblant les principaux « titres » de l'époque : Aujourd'hui,

Le Petit Parisien, Au Pilori, La Gerbe, Je suis Partout, etc.

Marion apparaît et achète tous les journaux.

MARION : Je voudrais *le Petit Parisien, Aujourd'hui, La Gerbe, Comoedia* et *Je suis Partout.*

98. Cave Lucas. Intérieur nuit.

*En très gros plan sur l'écran, nous avons une carica-
ture très ressemblante et identifiable de Daxiat illus-
trant sa rubrique théâtrale de* Je suis Partout.

*Nous entendons Marion lire à haute voix l'article de
Daxiat qui constitue un véritable éreintement dans le
style dénonciateur des pamphlétaires pro-nazis de
l'époque.*

MARION : Alors ça c'est Daxiat : «Le théâtre
Montmartre, qui a changé de direction sans changer d'esprit, a choisi de nous présenter une brumeuse vignette scandinave». Brumeuse, évidemment il est arrivé avec un quart d'heure de retard.

LUCAS : Evidemment.

MARION : Qui se veut incolore et apolitique, alors
que les vrais problèmes du temps présent ne sont
traités nulle part.

LUCAS : J'en étais sûr.

MARION : Madame Steiner n'a pas voulu rompre
avec la tradition de nihilisme enjuivé qui a longtemps déshonoré la scène du Théâtre Montmartre
d'avant 40. Mais me direz-vous, dans cette
«Disparue» là, rien n'est juif, certes, mais tout est
enjuivé. N'attendez pas de moi que je vous parle
de la mise en scène signée par Jean-Loup Cottins

puisqu'elle n'est que copie efféminée de celle que Lucas Steiner nous a trop longtemps infligé.

LUCAS : Tiens, tiens.

MARION : Quant à l'interprétation, que dire de Marion Steiner qui nous régale de ses petits airs tristes, qu'elle joue par petits bouts et pour elle seule, comme on lui a appris à le faire au cinéma. Retournez donc à l'écran, Madame Steiner.

LUCAS : Tu vois.

MARION : Seul un jeune homme aux grandes espérances, Bernard Granger.

LUCAS : Tiens, tiens.

MARION : Transfuge du Grand Guignol nous fait croire à son personnage. Un grand acteur est né.

LUCAS : Tout de même.

Pendant la lecture de cet article, Lucas ne cesse de rire, tout en étendant sur un fil son linge de corps qu'il essore au-dessus d'une cuvette : caleçon, chemises, maillots de corps, chaussettes...

MARION : Ah, ça te fait rire toi ?

LUCAS : Non, ça ne me fait pas rire, mais les autres critiques sont bonnes. Il n'y a pas à se plaindre. Et quand je vois les locations, je me dis que la pièce est sauvée. Et c'est grâce à toi, Marion. Évidemment, tu fais plus de films, les gens sont obligés de venir au théâtre pour te voir !

Marion relit à mi-voix la phrase de l'article de Daxiat :

MARION : «Le nihilisme enjuivé qui a longtemps déshonoré la scène du théâtre Montmartre...» Tu vois, il y a son nom : «Daxiat», hein, et bien c'est comme si j'avais reçu une lettre anonyme.

LUCAS : Tu as raison, Daxiat et ses amis ont les

mêmes mobiles que les gens qui écrivent des lettres anonymes : avant la guerre ils n'étaient rien du tout et maintenant ils dirigent le pays, mais pour combien de temps ? Tiens, regarde le livre que je suis en train de lire, on parle de toi...

MARION : Il parle de moi...

LUCAS : Oui, oui, regarde, voilà : « Non contents de monopoliser nos écrans et nos scènes de théâtre, les juifs nous prennent nos plus belles femmes ».

Lucas faisant un signe vers Marion :

LUCAS : Nos plus belles femmes !

Marion détourne la tête vers nous. Lucas se tient derrière elle, la regarde, fondu au noir.

99. Hall théâtre. Intérieur jour.

Une trentaine de personnes font la queue pour louer des places.

Raymond décroche la pancarte sur laquelle on lisait : « Location quinze jours à l'avance » et la remplace par une autre sur laquelle on lit : « Location un mois à l'avance ».

100. Cave Lucas. Intérieur nuit.

Sur une grande feuille de papier kraft, Lucas a écrit (en allemand) des notes qui suggèrent qu'il travaille à une adaptation en quatre actes de « La Montagne Magique », de Thomas Mann. Il semble avoir retrouvé son dynamisme et sa vaillance.

145

On prend la scène en cours, peut-être en démarrant d'un gros-plan de Marion et en recadrant le couple, puis le travail mural de Lucas.

MARION : Tu vois Lucas, la pièce marche toute seule, tu n'as plus d'instructions à donner, c'est pas une raison pour me regarder si durement... Parfois, j'ai l'impression que tu me détestes.

LUCAS : Mais non, bien sûr! Je serais fou de te détester!

MARION : Justement tu es un peu fou! Je te connais bien tu sais.

LUCAS : Moi aussi, je te connais bien. Tu sais, pour moi, «La Disparue», c'est déjà du passé... J'ai une autre idée... «Montagne Magique». Il y aura un rôle pour toi. Je vais l'écrire sur mesure. Tu m'écoutes?

MARION : Oui, je t'écoute.

LUCAS : Alors voilà : c'est une femme cruelle...

MARION : Cruelle, moi?

LUCAS : Je te parle du personnage. Eh bien oui : elle est douce, tendre, elle est même amoureuse et pourtant elle est cruelle. Sans le savoir, sans le vouloir, elle est cruelle malgré elle.

MARION : Cruelle!

LUCAS : Ce sera formidable tu vas voir. Je vais te faire parler sans littérature, avec les mots de tous les jours. Je me servirai de tes expressions, tu comprends...?

MARION : Oui. Je comprends surtout qu'à partir de maintenant tout ce que je vais dire sera susceptible d'être retenu contre moi.

101. Restaurant dans les halles. Extérieur soir.

Aucune lumière ne transparaît par les vitres occultées de doubles rideaux opaques.

Sur la porte, on distingue vaguement une pancarte blanche sur laquelle quelques mots sont tracés à la peinture noire. À la faveur de la sortie d'un couple de clients, on peut lire «INTERDIT AUX JUIFS».

On a aussi pu entendre l'ambiance assez bruyante qui règne dans l'établissement : une chanson à la mode, «Zumba, Zumba», est entonnée par un groupe de dîneurs.

«Zumba Zumba
Ramène-moi, ah ah ah
Vers celui que la rivière
Un jour emporta, ah...»

102. Restaurant. Intérieur soir.

Autour d'une grande table de ce restaurant, nous retrouvons toute l'équipe du théâtre : Germaine, Raymond, Marc, Nadine, Marion, Bernard et, bien sûr, Jean-Loup qui a organisé ce dîner pour fêter le brillant démarrage de «La Disparue».

UNE CLIENTE : Bonsoir, ils sont bien gais ce soir vos clients.

LE PATRON : C'est la troupe du théâtre Montmartre qui fête son succès.

LA CLIENTE : Vous avez une bonne table pour nous ?

Au milieu des visages joyeux de l'équipe qui chante en chœur «Zumba, Zumba», l'expression fermée de Ber-

nard fait contraste. Raymond le pousse du coude pour essayer de le dérider.

Le patron du restaurant s'approche de la table et demande à Bernard de venir saluer le directeur de théâtre Jacques Hébertot, qui dîne au premier étage et qui aimerait le féliciter.

LE PATRON : Monsieur Granger, c'est le directeur du théâtre Hébertot qui voudrait vous parler.

Bernard refuse d'abord, mais tout le monde le pousse à accepter.

Il s'engage dans l'escalier, précédé du patron du restaurant, tandis que la chanson « Zumba » continue.

« Sous la grande idole rouge
On voit là-bas
Une forme qui bouge
Et dit tout bas
Ce chant mystérieux
Ce chant très doux :
Zumba, Zumba... »

103. Salon restaurant en étage. Intérieur soir.

Toujours précédé du patron, Bernard entre dans le petit salon où Hébertot est attablé avec un groupe d'amis.

Hébertot, qui lui fait face, se lève pour le recevoir et lui serrer la main. Puis, il présente Bernard à ses invités : celui qui était de dos à Bernard se retourne vers lui, la main tendue : Bernard reconnaît alors Daxiat.

Bernard refuse de serrer la main du critique. Mieux, il lui demande de descendre présenter ses excuses aux comédiens de « La Disparue » pour la façon grossière

148

dont il s'est conduit le soir de la générale et pour l'article ignoble qu'il a écrit.

Daxiat ne comprend pas, Bernard ne voit qu'une chose à faire : lui casser la gueule.

Malgré les protestations du patron et les interventions des autres invités, Bernard soulève Daxiat de sa chaise et le traîne vers l'escalier.

HÉBERTOT : Bernard Granger. Vous connaissez Mademoiselle Bataille ? Monsieur Daxiat.

DAXIAT : Mon cher Granger, bravo, je tiens encore une fois à vous féliciter, vous êtes fantastique.

BERNARD : Monsieur, ce que vous avez fait est inqualifiable.

DAXIAT : De quoi parlez-vous ?

BERNARD : Vous allez tout de suite faire des excuses à Madame Steiner.

DAXIAT : Vous plaisantez, il n'en est pas question.

BERNARD : Parfaitement Monsieur, et aussi aux autres comédiens de «La Disparue».

DAXIAT : Je ne me battrai pas ici.

BERNARD : Alors nous nous battrons dehors.

DAXIAT : Mais vous êtes complètement fou. Mais qu'est-ce que c'est ? Mais c'est incroyable.

104. Rez-de-chaussée restaurant. Intérieur soir.

Traînant toujours Daxiat (ou le poussant devant lui), Bernard est arrivé près de la table où la troupe de «La Disparue» continue de chanter «Zumba, Zumba».

Bernard arrête Daxiat devant Marion Steiner et demande une dernière fois au journaliste de s'excuser. Comme il refuse, Bernard le pousse vers la sortie.

149

Arrêtant de chanter, tout le monde se lève et suit les deux hommes.

DAXIAT : C'est une histoire absolument grotesque. Vous êtes ridicule mon ami.

BERNARD : Monsieur, je vous prie de faire des excuses à Madame Steiner.

DAXIAT : Brute, sauvage.

MARION : Bernard, Bernard !

BERNARD : Faites des excuses.

DAXIAT : Je n'ai pas d'excuse à faire, j'ai fait mon métier.

MARION : Bernard !

105. Extérieur Restaurant. Nuit, pluie.

Sur le trottoir, Bernard attaque de plus belle Daxiat. Celui-ce semble refuser le combat, se contentant de se protéger vaguement avec sa canne.

BERNARD : Je vous demande de vous battre, Monsieur.

DAXIAT : Monsieur, je ne me battrai pas.

BERNARD : Monsieur, vous allez vous battre !

DAXIAT : Vous perdez votre temps, je vous dis que je ne me battrai pas.

BERNARD : Vous allez vous battre !

DAXIAT : Non, je ne suis pas boxeur, Monsieur, je suis journaliste.

Exaspéré, Bernard lui arrache la canne des mains et la jette à quelque distance.

Il est alors rejoint par Raymond et Jean-Loup qui tentent de séparer les adversaires. Puis Marion arrive à son tour.

Tous : Arrêtez-le… Marion !…

Daxiat : Laissez-moi ! Lâchez-moi, mais lâchez-moi ! C'est absolument intolérable ! Laissez-moi, laissez-moi, je veux téléphoner ! Où est le téléphone ?

Profitant du répit, Daxiat se relève et revient dans le restaurant dont le patron ferme la porte à clef, derrière lui.

Sur le trottoir, Bernard est pris à partie par Marion, folle de colère et d'anxiété.

Marion : Vous êtes un irresponsable, une brute. Mais qu'est-ce que vous croyez obtenir avec cette bagarre ? Est-ce que vous avez seulement pensé une seconde au théâtre ? Et si la pièce est interdite ? Et si le théâtre est réquisitionné ?

Bernard : Pour vous, il n'y a que votre théâtre qui compte… Est-ce qu'il sera plein demain ? Où en sont-ils avec les bordereaux de location ? Est-ce qu'on jouera une matinée supplémentaire le jour de Noël ? Eh bien, il n'y a pas que les théâtres qui sont pleins en ce moment, il y a aussi les prisons !

Marion : Écoutez-moi bien, on est embarqué sur le même bateau. On continue à jouer la pièce ensemble, mais, en dehors de ça, je vous demande de ne plus jamais m'adresser la parole !

106. Scène, salle et coulisses. Intérieur soir.

On retrouve Bernard et Marion sur scène, jouant les dernières répliques de la pièce.

Carl : Tu es belle Helena. Si belle que te regarder est une souffrance.

Helena : Hier vous disiez que c'était une joie.

CARL : Une joie et une souffrance.

Le public applaudit. Raymond envoie le rideau, puis le relève pour les saluts. Marion refuse de tenir la main de Bernard pour saluer, elle place Nadine au milieu.

[[107. Bureau Marion. Intérieur soir.

Germaine et Jean-Loup sont en conversation.

JEAN-LOUP : Il y en a un qui a dû être content, c'est Raymond.

GERMAINE : Raymond, il a dit *(elle imite la voix de Raymond)* : «Et Monsieur Daxiat s'est replié sur des positions préparées à l'avance».

Ils rient ensemble. Le téléphone sonne dans le bureau. Avant de décrocher, Jean-Loup se tourne vers Germaine :

JEAN-LOUP : Je te parie que c'est encore pour Bernard.

Il décroche l'écouteur.

JEAN-LOUP : Allô… Non, je suis désolé, il n'est pas là… *(Mimique de Jean-Loup à l'intention de Germaine pour lui montrer qu'il avait deviné juste)*… Oui, oui, les nouvelles vont vite… Je suis d'accord avec vous, il fallait un certain courage ou plutôt un courage certain… Je lui transmettrai vos félicitations, mais vous êtes le dix-huitième depuis ce matin… Vous savez ce que m'a dit Trébor ? «Maintenant que je sais qu'on a le droit de lui casser la figure, à ce salaud, je ne laisserai pas passer la prochaine occasion»… Enfin d'accord, je transmettrai. *(Reposant l'appareil et s'adressant à Germaine).* Ah oui, ce Daxiat, je savais qu'on avait peur de lui mais je ne pensais pas qu'il était détesté à ce point-là !

Pendant ce coup de téléphone, un petit postier est venu délivrer trois ou quatre «pneumatiques».

JEAN-LOUP : Il paraît qu'on ne parlait que du match Bernard-Daxiat dans le dernier métro hier soir...

GERMAINE : En tout cas, c'est pas ça qui va arranger les affaires entre Marion et Bernard...

JEAN-LOUP : Ah oui, tu crois ça? Eh bien moi je crois exactement le contraire : à mon avis, ces deux-là, ils sont amoureux l'un de l'autre mais chacun croit que l'autre le déteste.

GERMAINE : Si c'est comme ça qu'ils sont amoureux...

JEAN-LOUP : C'est classique, Germaine, je t'assure, tiens, par exemple...

Jean-Loup lui cite alors deux exemples, tirés du théâtre classique, où l'amour s'exprime paradoxalement par une insulte ou une gifle.]]

108. Bureau Daxiat à *Je suis partout*. Intérieur jour.

Jean-Loup entre dans une pièce où règne une grande agitation. Nous sommes au siège du journal Je suis partout, *soit dans un bureau de verre, planté à l'intersection de deux couloirs et près d'un grand escalier, soit au bar du journal au dernier étage de l'immeuble. Jean-Loup cherche quelqu'un des yeux. Il a repéré Daxiat et le rejoint. Pas de poignée de main entre les deux hommes.*

JEAN-LOUP : Je ne vous cacherai pas que j'ai hésité à venir, parce que avec quelqu'un comme vous, on ne sait jamais s'il s'agit d'un rendez-vous ou d'une convocation.

DAXIAT : Je crois que vous n'avez pas su lire ma critique…

JEAN-LOUP : Parce qu'il s'agissait d'une critique? J'ai plutôt eu l'impression d'un règlement de comptes.

DAXIAT : Même si c'était un règlement de comptes, il n'était pas dirigé contre vous. Au contraire…

JEAN-LOUP : Au contraire.

Une jeune femme apporte à Daxiat les épreuves de la première page à corriger.

DAXIAT : Oui, excusez-moi. Il est déjà quatre heures ?

LA JEUNE FILLE : Oui.

DAXIAT : Pardon.

JEAN-LOUP : Oui, oui.

DAXIAT *(à son assistante)* : Alors là, sur toutes les colonnes : «Encore plus loin» point d'exclamation, d'accord ? *(À Jean-Loup)* Oui, quand je me suis rendu au théâtre l'autre soir, je croyais assister à une pièce mise en scène par Jean-Loup Cottins. Au lieu de ça, j'ai vu un spectacle hétéroclite, sans style. Enfin, bref, j'ai eu l'impression que vous étiez un porte-parole, pire que ça, le porte-parole d'un absent.

JEAN-LOUP : Si j'étais de bonne humeur, je vous dirais : «Je ne répondrai qu'en présence de mon avocat» mais là, je préfère m'en aller, voyez-vous.

DAXIAT : Attendez, attendez… Je ne vous ai pas dit l'essentiel : j'ai une proposition à vous faire…

JEAN-LOUP : Quelle qu'elle soit, je vous réponds non tout de suite.

154

DAXIAT : Je veux que vous m'aidiez à sauver le Théâtre Montmartre. Voilà, vous savez que Lucas Steiner a cédé son théâtre à sa femme avant de s'enfuir... Eh bien nous avons la preuve que cette vente n'est pas valable car les cessions de parts ont été antidatées. Ce genre d'opération porte un nom : il s'agit d'une « aryanisation fictive ».
JEAN-LOUP : Oui, et ça signifie ?
DAXIAT : Cela signifie que le Théâtre Montmartre n'appartient légalement à personne et que les Allemands peuvent le réquisitionner d'un jour à l'autre, sauf...
JEAN-LOUP : Sauf ?
DAXIAT : Sauf si la direction est reprise par quelqu'un qui a leur agrément.

109. Cave Lucas. Intérieur soir.

MARION : Alors tu sais, Daxiat n'a pas louvoyé avec Jean-Loup, il lui a proposé carrément de partager la direction du théâtre. Daxiat choisirait les pièces et Jean-Loup les monterait.
LUCAS : Je suis certain que Jean-Loup a refusé.
MARION : Mais non, il n'a pas refusé, il ne pouvait pas. Il pouvait seulement gagner du temps. Et il a demandé à réfléchir. Le seul moyen de lutter contre Daxiat, c'est de s'adresser à quelqu'un de plus haut que lui, en l'occurrence, le Docteur Dietrich. Mais Jean-Loup ne veut plus mettre les pieds à la Propagandastaffel...
[MARION : Eh bien Jean-Loup en a assez de rendre service à tout le monde et de passer pour un col-

laborateur. Il a même reçu des lettres de menace... Et moi, ce Dietrich, j'ai refusé dix fois de
dîner chez lui, il n'est pas question que j'y aille...

LUCAS *(reprenant la phrase de Marion)* : «Il n'est pas
question que j'y aille!» Si Marion, il faut y aller.
Décidément, vous êtes tous fous, là-haut, vous pas-
sez votre temps à vous demander ce qu'on va penser de vous à Berlin ou à Londres. Qu'est-ce que ça
peut faire ce qu'on pense de vous? Il n'y a qu'une
seule façon de voir les choses : ce qui est <u>bon</u> pour
le Théâtre Montmartre et ce qui <u>mauvais</u> pour le
Théâtre Montmartre.

MARION : Mais le Théâtre Montmartre, <u>c'est toi</u>,
et les sacrifices que tu demandes pour le théâtre,
c'est <u>pour toi</u> que tu les demandes. Depuis
quelques temps je suis en train de comprendre
une chose : dans ce théâtre, ce n'est pas toi le prisonnier, c'est moi.

LUCAS : Tu exagères.

MARION : Non, je n'exagère pas. Tu as fait de moi
<u>ta</u> prisonnière. Et puis regarde-moi, regarde la tête
que j'ai, quand la guerre finira, je serai une vieille
femme... À cause de toi...

Lucas se rapproche d'elle.

LUCAS : Je ne sais plus, Marion... D'ici, je ne vois
pas les choses comme vous là-haut... Je simplifie
tout. J'imagine seulement la mort, la vie, le
Théâtre et j'oublie les milliers de détails qui com-
pliquent tout. Évidemment, j'ai trop demandé de
toi. Qu'est-ce que je voulais quand tout a commencé? Je voulais garder mon théâtre et je voulais
garder ma femme; maintenant, je sens que je suis
en train de perdre les deux.]

110. Rez-de-Chaussée propagandastaffel.
Intérieur soir.

Le classique étendard rouge à croix gammée noire indique clairement où nous sommes.

Marion vient de pénétrer dans le hall, elle demande à un planton où se trouve le bureau du Docteur Dietrich, le planton lui désigne l'ascenseur.

MARION : J'ai rendez-vous avec le Docteur Dietrich.

L'ALLEMAND : Premier étage. Vous demandez le planton.

À peine Marion a-t-elle pénétré dans l'ascenseur, dont les portes ne sont pas encore refermées, qu'un soldat vient la tirer par le bras pour la faire ressortir et se plante au garde-à-vous à côté d'elle.

AUTRE ALLEMAND : Attention Madame, vous prendrez l'ascenseur plus tard, Madame.

Tous les regards se portent vers le hall dans lequel arrive un personnage probablement considérable puisqu'il a la priorité sur tout le monde. Tous les soldats s'immobilisent et exécutent le salut hitlérien tandis que les portes de l'ascenseur se referment sur le personnage considérable.

Marion attend le retour de l'ascenseur. Une voix française féminine attire son attention : elle lève les yeux vers l'escalier et reconnaît Martine, escortée par un officier allemand, riant.

La jeune voleuse a, elle aussi, reconnu Marion et les deu x femmes s'affrontent du regard jusqu'au moment où Marion entre dans l'ascenseur.

111. Propagandastaffel. Palier 2ᵉ étage. Intérieur soir.

Sortant de l'ascenseur, Marion se dirige vers un planton installé derrière une table, devant une grande porte capitonnée.

MARION : Je dois voir le Docteur Dietrich.

L'ALLEMAND *(planton)* : Impossible Madame.

MARION : Mais j'ai parlé avec lui au téléphone hier, il m'attend.

L'ALLEMAND : Quel est votre nom ?

MARION : Marion Steiner.

L'ALLEMAND : Vous avez rendez-vous à cinq heures, mais c'est impossible.

MARION : Mais comment impossible, je peux attendre.

L'ALLEMAND : Je suis désolé Madame, mais c'est inutile d'attendre. Le Docteur Dietrich est parti pour le front de l'Est. Il a rejoint une unité de combat.

MARION : Alors tant pis ! Tant pis !

UN OFFICIER : Madame Steiner. J'aimerais vous parler.

Il l'entraîne au rez-de-chaussée vers un petit couloir dans un bureau.

112. Bureau de l'officier. Intérieur soir.

L'officier referme la porte sur Marion. Tous deux restent debout.

L'OFFICIER : Madame Steiner, je vous admire beaucoup... Permettez-moi que je me présente : je suis le lieutenant Bergen. Vous vouliez voir le Docteur Dietrich ?

MARION : Oui.

L'OFFICIER : Il n'est pas parti sur le front de l'Est. Il s'est tiré une balle dans la tête, cette nuit, dans sa chambre, à l'hôtel Raphaël. C'est très triste... Le Docteur Dietrich vous admirait beaucoup... Et moi aussi je vous admire beaucoup. Je suis très honoré de vous serrer la main Madame Steiner.

L'officier a pris la main de Marion. Il la fixe d'un regard trop intense et, pendant des secondes qui semblent interminables, il ne lâche plus la main de Marion.

Marion s'affole et essaie de se dégager. L'entrée inattendue d'un planton la libère. Elle se sauve en courant.

113. Rues. Extérieur jour sombre.

Sur un mur, quelqu'un colle une affiche : «JE REVIENS DE ROME, LES ANGLAIS N'Y SONT PAS».

Bernard passe devant l'affiche et arrive au coin d'une rue. Il la traverse et monte les marches d'une église dans laquelle il pénètre.

À peine est-il rentré qu'une Citroën noire vient se garer le long des marches.

114. Eglise. Intérieur soir.

Dans l'église avec Bernard.

Dans une chapelle latérale, un groupe d'enfants, diri-

*gés par un vieux prêtre, chantent en chœur un cantique
dont le refrain est :*

> «Dieu de clémence
> Ô Dieu vainqueur
> Sauvez, sauvez la France
> Au nom du Sacré-Cœur».

*Bernard avance lentement le long du bas-côté de la
nef, que des colonnes divisent en trois.*
*Derrière une colonne, il voit Christian marchant dans
le sens opposé au sien, dans la nef centrale.*
*Alors que Bernard va se diriger vers lui, Christian
marque un temps d'arrêt. À présent, Christian regarde
fixement Bernard comme pour le dissuader d'avancer
vers lui. Bernard comprend le message. Maintenant,
Christian tourne ostensiblement le dos à Bernard et
s'éloigne vers le bas-côté opposé. Il a à peine fait quelques
pas que deux individus viennent l'encadrer.*
*Bernard voit les deux individus échanger quelques brèves
paroles avec Christian qui, évitant de croiser le regard de
son ami, suit les deux individus vers la sortie.*
Le cantique continue :

> «Les bras liés et la face meurtrie
> Elle a jeté ses regards vers le ciel…
> Dieu de clémence, etc.»

*Bernard lance un regard autour de lui et, avisant la sor-
tie latérale, part dans cette direction.*

115. Extérieur de l'église. Soir.

*Sortant de la porte latérale, Bernard contourne rapide-
ment l'église et arrive sur la façade juste à temps pour*

voir Christian se faire embarquer dans la Citroën noire
qui démarre aussitôt.

116. Loge Marion. Intérieur soir.

Marion est effondrée devant sa table de maquillage. Ber-
nard se présente à la porte. Marion souhaite rester seule.
MARION : Non !... Non !
Bernard entre quand même, d'autorité.
BERNARD : Je voudrais vous parler. Je suis désolé
Madame Steiner, mais il faut absolument que je
vous parle. Voilà, je vais quitter le théâtre, j'abandonne mon rôle, enfin dans un mois, le temps que
vous me trouviez un remplaçant...
MARION : Bien sûr, bien sûr. J'aurais dû m'en
douter.
BERNARD : Non, non, non, ce n'est pas du tout ce
que vous croyez, pas du tout. Je sais que vous
m'en voulez depuis l'histoire avec Daxiat mais je
comprends parfaitement votre réaction, parfaitement. Même si vous ne m'adressez plus la parole
et si vous fuyez mon regard, nous jouons ensemble
tous les soirs et je peux vous dire que j'aime de
plus en plus la pièce et mon rôle... Alors de ce
côté-ci, tout va bien, croyez-moi.
MARION : Vous n'avez pas à vous justifier, vous
êtes libre. Je ne sais même pas si nous vous cher-
cherons un remplaçant parce que... Dans un
mois, le Théâtre sera peut-être fermé, de toute
façon, je pense qu'on doit vous proposer un
meilleur contrat ailleurs, chez Hébertot...
Bernard réagit comme s'il se sentait insulté.

Marion, depuis le début de la scène, parlait avec Bernard, de dos, tout en le regardant dans sa glace à maquillage.

BERNARD : Non, pas du tout, pas du tout, je ne vais pas chez Hébertot, ni ailleurs. Non, il y a simplement que j'abandonne, provisoirement, le théâtre, heu, pour la Résistance.

À présent Marion repousse sa chaise, se lève et lui administre une gifle spectaculaire. Nous coupons.

117. Scène et coulisses. Intérieur soir.

Dans la scène qui suit, nous allons suivre une double action : tandis que, sur scène, se déroule un moment dramatique de « La Disparue », le vrai drame se joue en coulisses.

Coulisses.

Le regard de Marion est attiré par un mouvement en coulisses.

Ce qu'elle voit : deux hommes en discussions avec Raymond.

GESTAPISTE : On vient pour visiter la cave.

Regard de Marion et ce qu'elle voit : Raymond lui fait un signe d'impuissance.

Ce que voit Marion : les deux hommes la regardent fixement.

Scène.

HELENA *(au Dr Sanders)* : Mais enfin, il s'agit d'Eric. J'ai tout de même le droit de savoir ce que vous dites.

162

SANDERS : Bien sûr, bien sûr, Helena, il s'agit d'Eric, mais il ne s'agit pas uniquement d'Eric.

HELENA *(à Carl)* : Mais enfin, Monsieur Carl, vous trouvez cela normal? Je suis la mère d'Eric et je n'aurais pas le droit de savoir ce que l'on va décider pour mon fils?

CARL : Franchement Docteur Sanders, cette situation me gêne terriblement, ne pensez-vous pas que nous...

SANDERS : Non, s'il vous plaît. Maintenant Helena, je vous prie de nous laisser seuls.

HELENA : Bien, puisque je suis de trop dans cette maison...

Nous suivons Marion (Helena) en coulisses où elle rejoint Raymond et les deux inconnus. Nous allons maintenant suivre, en priorité, l'échange entre Marion et Raymond tandis qu'à l'arrière-plan, la pièce se poursuit.

Coulisses.

RAYMOND : Ils veulent visiter la cave.

MARION : Visiter la cave?

RAYMOND : Oui.

MARION : Non, visiter la cave il n'en est pas question. Il faut les mettre dans une loge d'avant-scène.

MARION : Je m'occuperai d'eux à la fin de la représentation. En attendant, tu les places dans la loge d'avant-scène.

Pendant le monologue du Dr Sanders, nous verrons, du point de vue de Bernard, le déplacement des deux hommes, guidés par Raymond, et leur installation.

Bernard reconnaît les types de l'église.

*Vue par Bernard sur scène, puis par Marion, de la cou-
lisse avant son entrée sur scène : fin de l'installation
des deux hommes de la « Défense passive » : ils regardent
le spectacle.*

Sur scène.

DR SANDERS : Et bien voilà l'histoire, c'était un 24
octobre, elle est sortie pour se promener dans le
jardin, et soudain, elle a disparu.

CARL : Vous n'avez pas appelé la maréchaussée ?

DR SANDERS : Si bien sûr, mais je voulais éviter le
scandale. Deux semaines après, elle réapparaissait, incapable de dire ce qu'elle avait fait.

CARL : Vous voulez dire amnésique ?

DR SANDERS : En quelque sorte oui. Puis, l'enfant
est né.

CARL : Ne pensez-vous pas, Docteur Sanders, que
cet enfant, comme du reste sa mère, devrait de
temps en temps sortir du domaine.

DR SANDERS : Vous avez mille fois raison, mais
Helena me porte une affection qui peut paraître
excessive aux yeux des étrangers. Elle a envers
moi, des élans, des gestes qui restent ceux d'une
petite fille. Je ne sais pas pourquoi, elle déborde de
gratitude à mon égard.

CARL : Elle a souvent cette attitude d'humilité
excessive.

DR SANDERS : Effectivement. De quoi se sent-elle
coupable, nul ne le saura jamais. Mais cette impu-
reté qu'elle devine en elle, l'entraîne parfois à
rechercher l'affection de personnes qui lui sont

164

inférieures. Alors le pauvre Charles-Henri ne savait plus ce qui lui arrivait et ça a été le drame.

HELENA : Qui parle de drame ici ?

Sur scène, Bernard s'avance vers Marion vêtue de la robe déchirée.

CARL : Je parlerai Helena, il le faut. J'ai la preuve que le Dr Sanders n'est pas revenu ici le lendemain mais la veille de la mort de Charles-Henri.

HELENA : Ah !

Helena s'évanouit. Le noir se fait.

Sur scène, profitant de l'obscurité, Bernard parle en aparté avec Marion :

BERNARD : Vous les connaissez ?

MARION : ... Des gens de la « Défense passive »...

BERNARD : Non, non, ce sont des gens de la Gestapo. J'en suis sûr, je reconnais l'un d'eux.

MARION : La Gestapo ?

BERNARD : Oui, oui.

MARION : Vous êtes sûr ?

BERNARD : Mais absolument je vous dis, je reconnais l'un d'eux.

MARION : Si je vous demande de m'aider, vous le ferez ?

BERNARD : Oui.

MARION : Mais il ne faudra pas poser de questions.

BERNARD : Oui.

Le dialogue entre Bernard et Marion s'échange à la faveur des applaudissements qui saluent le changement d'éclairage.

118. Scène, coulisses, loge d'avant-scène. Intérieur soir.

Nous sommes à présent dans la dernière minute de la représentation et nous entendons à nouveau la scène d'amour entre Helena et Carl.

CARL : Et maintenant ?

HELENA : Maintenant je viens à l'amour Carl, et j'ai mal. Est-ce que l'amour fait mal ?

CARL : Oui l'amour fait mal. Comme les grands oiseaux rapaces, il plane au-dessus de nous, il s'immobilise et nous menace. Mais cette menace peut être aussi une promesse de bonheur. *(Un temps. Carl se rapproche d'Helena).* Tu es belle Helena, si belle que te regarder est une souffrance.

HELENA : Hier vous disiez que c'était une joie.

CARL : C'est une joie et une souffrance.

Là-dessus le rideau descend et les applaudissements crépitent.

Cette fois, les deux acteurs ne restent pas derrière le rideau. Marion entraîne Bernard vers les coulisses, et, en passant, elle lance à Raymond :

MARION : Ce soir, pas de rideau, pas de rappel, hein ?

Et la cavalcade de Marion et de Bernard continue.

119. Cave Lucas. Intérieur nuit.

Lucas, assis dans son rocking-chair près de son « bigophone », écoute les applaudissements. Ayant entendu s'ouvrir la porte de la cave, il tourne la tête et bien vite ne peut retenir son étonnement en voyant :... Marion, qui vient d'entrer... Avec Bernard !

MARION : Lucas, voici Bernard Granger... Bernard, mon mari...

Et la caméra isole le visage de Bernard, sidéré, tandis qu'on entend Marion :

MARION : Eh bien alors, ne restez pas figés comme des statues, vous avez cinq minutes pour tout enlever et vous cacher.

Elle repart en courant.

120. Couloir loge Marion. Intérieur soir.

Planté devant la loge de Marion, Raymond est en train de parlementer avec les deux types de la « Défense passive » : non, ils ne peuvent pas entrer, Mme Steiner est en train de se changer.

À la grande confusion de Raymond, Marion apparaît au bout du couloir et s'enferme dans sa loge sans donner d'autre explication : elle sera prête dans deux minutes. Que ces Messieurs de la « Défense passive » veuillent bien patienter un peu.

GESTAPISTE : On a assez attendu comme ça, conduisez-nous à la cave.

RAYMOND : Non, non, heu Messieurs, Madame Steiner tient à le faire elle-même s'il vous plaît.

MARC : Pardon Messieurs.

GESTAPISTE : J'vais lui parler moi-même à Madame Steiner.

RAYMOND : Mais non, je vous en prie, elle est en train de se déshabiller. Un minimum de correction s'il vous plaît.

GESTAPISTE : Mais qu'est-ce que c'est que cette histoire ?

RAYMOND : Ah non, ben quoi, tout le monde peut se tromper, hein, alors.

GESTAPISTE : On a été assez patient.

RAYMOND : On va l'attendre tranquillement, voilà.

MARION : Trois minutes Messieurs, je vous demande trois minutes.

RAYMOND : Voilà.

[[121. Cave Lucas. Intérieur nuit.

Dans le premier temps de sa réclusion, Lucas n'occupait que le fond de la cave mais, il s'est entouré de tant d'objets, de livres et d'accessoires divers que son installation a débordé sur la cave entière.

L'action d'urgence de Lucas et de Bernard va donc consister à vider la première partie de la cave, à tout transporter dans la partie du fond et finalement à obstruer le passage de l'une à l'autre en plaçant une lourde armoire.

Tout en agissant, en se passant des paquets, en poussant des meubles, ils continuent leur dialogue.

LUCAS : Mais vous êtes bons, vous ! Mettez-vous une seconde à ma place. Essayez d'imaginer que vous êtes juif, que vous avez cinquante ans, une femme magnifique, un théâtre qui... Enfin le Théâtre Montmartre, et qu'on veut vous arrêter pour vous envoyer en Allemagne... Qu'est-ce que vous auriez fait, à ma place ?

BERNARD : Peut-être la même chose que vous, peut-être autre chose. De toute manière, hein, je ne suis pas là pour vous juger mais pour vous aider.

LUCAS : Marion m'a dit que vous alliez nous quitter, pour rejoindre la Résistance…

BERNARD : Oui, c'est vrai… Je ne peux plus supporter de faire de la Résistance en amateur… Je porte des valises sans m'occuper de ce qu'il y a dedans, mais je me rends compte que les vrais risques sont courus par ceux chez qui je les dépose…

LUCAS : Au théâtre aussi on porte des valises. Si vous n'avez pas l'impression de risquer votre vie chaque soir avant d'entrer en scène, alors, vous n'êtes pas un acteur. Bernard, vous avez été soldat ?

BERNARD : Oui… Non… Enfin, trois mois.

LUCAS : Eh bien à l'armée, ils disent tout le temps : on est militaire 24 heures sur 24. Les acteurs, c'est pareil. *(Tirant une armoire)* Elle est sacrément lourde…

BERNARD : On la tirera et on la maintiendra tous les deux vers nous. Il ne faut surtout pas qu'ils puissent la bouger de l'autre côté…

À présent, Lucas décroche la feuille de «construction» de «La Montagne magique».

LUCAS : Vous avez sûrement lu «La Montagne magique», qu'est-ce que vous en pensez ?]]

122. Couloir, escaliers et cave. Intérieur nuit.

Raymond conduit les types de la Gestapo dans les couloirs. Marion s'est changée.

RAYMOND : Ça fait une paye que je suis pas allé làdedans hein. J'vous préviens ça doit être plein de rats. Vous avez la clef Madame Steiner.

MARION : Oui, oui.
RAYMOND : Merci. Attention les têtes hein ! Tiens.

123. Cave côté escalier. Intérieur nuit.

La porte de la cave s'ouvre, laissant passer Marion,
Raymond et les deux «visiteurs». L'inspection de la cave
commence. Un des deux hommes prend les mesures à
l'aide d'un double mètre.
RAYMOND : Vous savez, j'y connais rien mais ça me
paraît pas assez profond pour faire un «abri» ici,
hein…Y a pas vingt centimètres entre le plafond et
le sol de la cour…
Un des deux visiteurs semble fixer du regard le fond de
la cave.
Raymond a pris un poignard qu'il se plonge dans le
ventre, qu'il ressort et qu'il appuie contre sa main, c'est
un poignard de théâtre, évidemment, dont la lame
rentre dans le manche.
Le groupe des quatre passe maintenant devant l'ar-
moire.

124. Cave Lucas. Intérieur nuit.

De l'autre côté de l'armoire, nous retrouvons Lucas et
Bernard retenant l'armoire plaquée de leur côté par
un système de sangles improvisées.
D'où ils sont, ils entendent la conversation des quatre.
GESTAPISTE : Qu'est-ce que c'est que ça ?
RAYMOND *(off)* : Ça, c'est un paravent qui jouait
dans «Le Jardin des cerises», La Cerisaie.

GESTAPISTE *(off)* : On doit pouvoir mettre trente-cinq à quarante personnes... Pas plus.

MARION *(off)* : De toute façon, à cause de l'humidité, elle a été déclarée insalubre en 39.

GESTAPISTE *(off)* : Et en cas d'alerte?

RAYMOND *(off)* : En cas d'alerte, on a le droit de se réfugier dans le métro.

MARION *(off)* : À la station Abbesses, elle reste ouverte toute la nuit pour ça.

RAYMOND : Dites Madame Steiner, l'escalier là, on pourrait pas le brûler, ça ferait du feu.

MARION : Oui, oui, Raymond.

RAYMOND : Puis, de toute façon, maintenant, y'a tellement d'alertes. Les gens veulent même plus descendre dans les abris, hein.

Maintenant, Lucas et Bernard entendent les pas s'éloigner, les visiteurs remonter l'escalier et la porte de fer se refermer.

LUCAS : Ça y est ils sont repartis jusqu'à la prochaine fois.

BERNARD : Mais de rester comme ça, ici, c'est pas une vie?

LUCAS : C'est une vie, c'est la mienne.

BERNARD : Mais on peut pas trouver une meilleure cachette, enfin, plus sûre?

LUCAS : Mais je ne cherche pas une cachette, je suis chez moi ici, et personne me fera sortir... *(Après un temps)* Dites moi, elle est belle ma femme?

Bernard est trop surpris pour répondre, il hoche la tête.

LUCAS : Je vais vous poser une question Bernard : elle, elle est amoureuse de vous, mais vous, est-ce que vous l'aimez?

171

Sur cette question inattendue, et sans attendre la réponse, nous coupons.

125. Scène théâtre. Intérieur jour.

Nous assistons à ce que les gens de théâtre appellent un raccord, c'est-à-dire une répétition partielle, destinée à mettre au point le jeu et les mouvements d'un acteur qui en remplace un autre.

Jean-Loup Cottins indique au nouveau comédien qui va reprendre le rôle de Carl, deux ou trois gestes et déplacements tandis que Marion lui donne la réplique.

MARION : Mais je n'avais pas le droit d'aimer, comprenez-vous cela ? Je n'avais pas le droit d'aimer, ni d'être aimée.

Carl *(nouveau comédien)* : Et maintenant ?

MARION : Maintenant je viens à l'amour Carl, et j'ai mal. Est-ce que l'amour fait mal ?

CARL : Et oui l'amour fait mal. Comme les grands oiseaux rapaces, il plane au-dessus de nous, il s'immobilise et nous menace. Mais cette menace peut être aussi une promesse de bonheur. *(Un temps)* Tu es belle Helena, si belle que te regarder est une souffrance.

Cette scène sera partiellement vue et entendue des coulisses par Bernard, qui se tient suffisamment en retrait pour ne pas gêner les deux comédiens qui répètent. Il s'en va rapidement avant les dernières répliques de la scène.

MARION : Hier vous disiez que c'était une joie.

CARL : C'est une joie et une souffrance.

126. Couloir puis loge. Intérieur jour.

En se rendant à son bureau, Marion s'aperçoit que la porte de la loge de Bernard est entrouverte.

Elle pousse la porte : Bernard est en train d'entasser ses objets personnels dans un vieux sac de voyage.

Marion, sans rien dire, va droit au mur et aide Bernard à dépunaiser quelques photos. Après quelques secondes de rangement en commun, elle va enfin lui adresser la parole.

MARION : Bernard... Je peux vous dire quelque chose ? Si je n'étais pas entrée dans votre loge, vous alliez partir sans me dire au revoir.

BERNARD : Pas du tout, j'attendais simplement que la répétition soit finie.

MARION : Eh bien elle est finie. C'était triste.

BERNARD : Oui, j'ai regardé un moment...

MARION : Et alors ?

BERNARD : C'était bien. Petite leçon d'humilité... On s'aperçoit qu'on est remplaçable.

Marion est devenue soudainement plus grave. Elle va vers la porte, tend presque sèchement la main à Bernard.

MARION : Bon, eh bien, au revoir Bernard.

Bernard prend la main tendue de Marion mais il l'attire vers lui et l'embrasse.

Ils se séparent, mais comme si rien ne s'était passé, Marion se remet à dépunaiser les dernières photos sur le mur.

Bernard reste également silencieux.

C'est en décrochant une photo montrant Bernard souriant à côté d'une jolie fille (ou entourée de plusieurs jolies filles) que Marion reprend la parole.

MARION : J'avais l'impression que vous entrepreniez quelque chose avec toutes les femmes, sauf moi !

BERNARD : D'abord, c'est pas <u>toutes</u> les femmes... Et puis, vous m'intimidiez. Parfois, vous me regardiez sévèrement et même avec une certaine dureté.

MARION : Avec une certaine dureté ? Vraiment ?

BERNARD : Oui, oui, je vous assure. Je me sentais jugé.

MARION : Mais c'est tout le contraire. J'étais troublée par vous, oui c'est vrai, j'étais troublée, et comme j'avais l'impression que tout le monde allait le lire sur mon visage, alors je me durcissais et à force, vous en êtes venu à me détester.

BERNARD : Ce n'est pas vrai, je ne vous ai jamais détestée. Mais je ne comprenais pas pourquoi vous étiez redevenue si distante après m'avoir embrassé...

MARION : Tout le monde s'embrasse au théâtre...

BERNARD :... Pas forcément sur la bouche !

MARION : Moi, je vous ai embrassé sur la bouche ?

BERNARD : Oui, le soir de la Générale, pendant le rideau !

MARION : Non, non, sûrement pas !

BERNARD : Vous – m'avez – embrassé – sur – la – bouche.

Il lui prend la main, la paume.

MARION : Vous ne me dites pas qu'il y a deux femmes en moi ?

BERNARD : Si, justement : il y a deux femmes en vous. Il y a une femme mariée qui n'aime plus son mari...

MARION : Ah non ! Non, n'essayez pas de deviner, vous ne pourriez pas comprendre.

174

Elle prend les pots de crème.

MARION : Il ne faut pas oublier le maquillage.

BERNARD : Non merci, je les laisse pour mon remplaçant. Là où je vais, on ne se maquille pas.

MARION : On ne se maquille pas, mais on se déguise bien un peu, non ?

Ils rient ensemble. Il la prend dans ses bras. Il l'embrasse et s'aperçoit qu'elle pleure. Il murmure une excuse : «pardon» peut-être, mais c'est elle qui l'attire et l'embrasse. Toujours enlacés, ils glissent sur le sol, derrière une table et deux chaises. Nous comprenons qu'ils vont faire l'amour. Un très lent fondu au noir nous amène à l'épilogue.

BERNARD : Pardon, pardon.

MARION : Oui, oui, oui, oui, oui...

Notes

[1] La partie soulignée du dialogue sera également assurée sur Lucas, dans sa cave écoutant.

[2] Cassette Radio-France – Henri Amouroux parle de «La vie des Français sous l'occupation» — Réf. Occ. 15. 2 : La chasse aux juifs : interview de Monsieur Laville.

[3] L'ordre de ces flashs n'est pas définitif. D'autres viendront s'ajouter à ceux-là, sans dialogue, toute cette séquence musicale étant destinée à séparer les deux parties du film et à faire progresser l'action de plusieurs semaines.

[4] Toute la partie du dialogue soulignée sera filmée sur Lucas dans la cave, écoutant et prenant des notes.

Epilogue.

Sur scène

Quelques répliques de «La Disparue» (scène où Helena se dissimule puis se montre à Carl). Le rôle de Carl est tenu par le nouvel acteur.

CARL : Quelqu'un est là ?

Il aperçoit Helena.

CARL : Pourquoi vous cachez-vous ?

HELENA : Je ne voulais pas vous voir. Quittez cette maison, vous n'y faites que du mal.

CARL : Et bien soit, je partirai, mais d'abord vous m'écouterez. Lorsque le Docteur Sanders...

Le bruit d'une sirène couvre la dernière réplique de Carl.

Pendant un bref moment, les acteurs, décontenancés, se regardent entre eux. Machinalement, les spectateurs lèvent la tête.

À partir du bruit de la sirène, nous passons au com-
mentaire, suivi de la description des actions.

Commentaire
Après le départ de Bernard Granger, «La Disparue» continue de se jouer avec Lucien Ballard dans
le rôle de Carl.
Nadine Marsac, qui accède à la célébrité, disparaît chaque soir après sa dernière réplique. Elle ne
reste pas sur scène pour les saluts, car elle est atten-
due en coulisses par un chauffeur qui l'emmène aux
studios de Billancourt où elle tourne la nuit, le rôle
principal des «Anges de la Miséricorde». Elle
retrouve Arlette Guillaume qui fait les costumes
et les décors du film.

Le 6 juin 44, les troupes alliées débarquent en Normandie. La vie quotidienne des Parisiens devient
encore plus difficile et pourtant, ils se pressent de
plus en plus nombreux chaque soir dans les salles
de spectacle.

Un soir, au lieu de se réfugier dans la station de
métro, les spectateurs restent un long moment sur
la place du théâtre, à regarder le ballet des avions
anglais dans le ciel de Paris.

Mais bientôt, les coupures d'électricité obligent de
nombreux théâtres à fermer leurs portes. Sauf ceux
équipés d'un toit ouvrant qui peuvent donner une
matinée à ciel ouvert.

Le Théâtre Montmartre parvient à jouer jusqu'au 17 juillet grâce à l'ingéniosité de Raymond.
À présent, la défaite allemande ne fait plus aucun doute.

Après 813 jours et 813 nuits passés dans la cave de son théâtre, Lucas Steiner ne veut plus attendre pour revoir la lumière du jour.
C'est une de ces journées étranges où les coups de feu s'échangent d'un toit à l'autre, sans que l'on puisse savoir qui tire sur qui.
Lucas, le bras devant son visage comme s'il se protégeait de la lumière du jour, fait sa première sortie.
Il fait quelques pas précautionneux sur la place. Un passant, sur le trottoir d'en face et qui tient à la main un casier métallique chargé de bouteilles, voit son chargement détruit en trois secondes par une rafale venue des toits
LUCAS : Ça va ? Non, pas là, pas là.
Lucas lève la tête et repère l'origine des coups de feu.
Plans de toits avec des fumées s'échappant des lucarnes.
Le passant, hébété, recule de quelques pas pour s'abriter dans l'encoignure d'une porte.
Lucas lui fait signe de ne pas rester là. À peine l'homme a-t-il fait quelques pas pour traverser la rue en direction de Lucas que des impacts de balles cisaillent l'endroit.

Des jours difficiles commencent pour Jean-Loup Cottins. Tiré de son lit et interpellé le 23 juillet au matin par de jeunes FFI, il est emmené au commissariat d'où il est libéré le soir même, grâce à ses relations. Mais arrêté une seconde fois, le lendemain matin, à cause de ses relations.

Par contre, Daxiat ne devra son salut qu'à la fuite. Le journaliste de *Je suis Partout* est devenu un homme de nulle part. Il a perdu un œil dans le terrible bombardement de Hambourg. Il a suivi un moment le Maréchal Pétain à Sigmaringen. Puis, de monastères en couvents, il réussira à gagner l'Espagne. Condamné à mort par contumace, il mourra d'un cancer à la gorge dans les années 60.

Mais en cette fin d'été 44, la guerre n'est pas finie et notre histoire attend son épilogue.

Action
Le rideau tombe et Jean-Loup Cottins apparaît devant le rideau pour faire une annonce que nous n'entendons pas, mais dont nous comprenons le sens. Les spectateurs se lèvent et nous coupons.

Couloir loge.
Nadine, courant de droite à gauche en costume de scène, entre dans sa loge.
Nadine, en costume de ville, court de gauche à droite. Un chauffeur l'attend, sa casquette à la main. Ils partent tous deux rapidement en direction de la sortie.

Studio nuit.
Dans une salle de couvent, six ou sept actrices attendent de jouer : leur attitude libre contredit leur costume de religieuse : cigarettes au bec, peinture des ongles des

pieds, etc. Parmi elles, nous favorisons Nadine, et aussi Arlette qui passe parmi les filles, en rectifiant les cornettes.

Extérieur Place Théâtre Montmartre. Nuit.

La caméra étant juchée sur le toit d'un immeuble, nous voyons le Théâtre Montmartre et la place en forte plongée. Une cinquantaine de spectateurs déambulent, le visage levé vers le ciel. Après quelques minutes, ils réintègrent le Théâtre, l'alerte étant terminée.

Images d'archives.

Débarquement allié en Normandie, surimpressionné par des affiches de théâtre annonçant leur fermeture...

Scène Théâtre Montmartre.

Raymond et Jean-Loup, accroupis devant la rampe, installent des phares de voitures. Dans les coulisses, Marc vérifie le fonctionnement des batteries.

Extérieur. Théâtre Montmartre. Jour.

L'affiche « La Disparue » est recouverte en diagonale d'un bandeau collé
annonçant la fermeture provisoire du théâtre.

Extérieur. Hôtel particulier. Aube.

L'hôtel particulier donne dans une petite rue du seizième arrondissement au bout de laquelle on peut apercevoir le Trocadéro. Trois jeunes hommes armés portant un brassard FFI frappent à la porte de la maison. Jean-Loup Cottins, en pyjama et en robe de chambre, vient ouvrir la porte. Sans lui laisser la possibilité de se changer, les trois FFI *l'entraînent. On les voit s'éloigner tandis qu'une ou deux ménagères, le cabas à la main, se retournent sur cet étrange spectacle.*

Immeuble en ruine.
Daxiat, en vêtement de soldat allemand dépenaillé, un bandeau noir sur l'œil, une musette chargée en travers de la poitrine, contourne un pan de mur écroulé et disparaît en courant à travers les ruines d'un immeuble bombardé, encore fumant.

[127. Façade Théâtre Montmartre.

Raymond et le petit Jacquot arrivent avec un rouleau d'affiches et un grand pot de colle. Ils posent de nouvelles affiches sur les deux panneaux d'affichage : on peut y lire :

La Montagne Magique
Avec
Marion Steiner et Jean-Loup Cottins
Adaptation et mise en scène de Lucas Steiner.

Le générique se déroule sur le fond de cette affiche tandis que la musique finale s'élève.]

128. Hôpital militaire. Intérieur jour.

L'ouverture, en plan rapproché, sur la porte d'une salle commune, révèle Marion qui regarde autour d'elle tandis qu'une infirmière lui désigne du doigt quelqu'un en hors champ.

À présent, la caméra précède Marion en travelling-arrière tandis qu'elle avance dans la travée centrale.
Puis, la caméra panoramique vers une fenêtre et nous cadrons un homme de dos, assis dans une chaise d'infirme. Marion entre dans le cadre, touche l'homme à l'épaule. Nous reconnaissons Bernard. Elle lui montre le télégramme.

ELLE : J'ai essayé de vous oublier, je n'ai pas pu… *(Elle se sert du télégramme qu'elle a à la main).* Sans votre orgueil, votre stupide orgueil, j'aurais été près de vous depuis longtemps…

LUI : Et pour venir, vous auriez été obligée d'inventer chaque fois un nouveau mensonge?

ELLE : Mentir, mais pourquoi mentir? Puisqu'il est mort…

LUI : Alors évidemment, vous vous êtes réfugiée dans le travail…

ELLE : Eh bien non! J'ai découvert brusquement que ça ne m'intéressait plus, j'ai tout abandonné… Écoutez-moi… Je ne souhaite qu'une chose : être auprès de vous, vous sortir de cet endroit… Je suis certaine qu'ensemble, nous pouvons recommencer…

LUI : Non, nous ne recommencerons rien parce qu'il n'y a rien à recommencer… Il n'y a rien eu de réel entre nous… J'ai joué avec l'idée de vous aimer, mais je ne vous aimais pas. Est-ce que vous me comprenez? C'est toujours resté abstrait… Oh, bien sûr, vous aviez des excuses d'y croire puisque j'y croyais moi-même!

ELLE : Mais moi, je n'ai jamais cessé de penser à vous, pas une seule journée.

LUI : Moi aussi, j'ai pensé à vous, mais de moins

en moins souvent et maintenant je ne comprends pas du tout ce que vous faites ici. J'ai oublié votre nom de famille, j'ai oublié votre prénom et je sens que les traits de votre visage vont devenir complètement flous... Allez-vous-en... Allez-vous-en, allez-vous-en.

ELLE : Il faut être deux pour s'aimer, il faut être deux pour se haïr... Et je vous aimerais malgré vous... Penser à vous fait battre mon cœur plus vite et c'est la seule chose qui compte pour moi... Adieu.

Les quatre derniers échanges ont été filmés en très gros plans, au 75 mm, en sorte que le fond du décor est devenu flou derrière les visages. À un certain moment, un plan de spectateur, très court, nous donne l'alarme. Un peu plus tard, un second plan de spectateurs nous fait comprendre que nous sommes au théâtre. Les dernières phrases sont filmées devant un « découverte » scénique reproduisant le mur de l'hôpital.

Après la dernière réplique de la scène, le rideau tombe. Les applaudissements crépitent. Le public réclame le metteur en scène, Lucas Steiner, qui vient saluer devant le décor avec ses deux comédiens.

Marion est au centre du trio, tenant la main de ses deux hommes.

Fiche technique

Mise en scène	FRANÇOIS TRUFFAUT
Scénario	FRANÇOIS TRUFFAUT
	SUZANNE SCHIFFMAN
Dialogues	FRANÇOIS TRUFFAUT
	SUZANNE SCHIFFMAN
	JEAN-CLAUDE GRUMBERG
Directeur de la photographie	NESTOR ALMENDROS
Assisté de	FLORENT BAZIN
	EMILIO PACULL-LATORRE
	TESSA RACINE
Chef décorateur	JEAN-PIERRE KOHUT-SVELKO
Assisté de	PIERRE GOMPERTZ
	JACQUES LEGUILLON
	ROLAND JACOB
Accessoiriste	JACQUES PREISACH

Ingénieur du son	MICHEL LAURENT
Assisté de	MICHEL MELLIER
Bruitage	DANIEL COUTEAU
Mixage	JACQUES MAUMONT
Assistante réalisateur	SUZANNE SCHIFFMAN
Assistée de	EMMANUEL CLOT
	ALAIN TASMA
Scripte	CHRISTINE PELLE
Costumes	LISELE ROOS
Assistée de	CHRISTIANE AUMAR-FAGEOL
	EDWIGE CHEREL
	FRANÇOISE POILLOT
Maquillage	DIDIER LAVERGNE
	THI LOAN N'GUYEN
	FRANÇOISE BEN SOUSSAN
Coiffure	JEAN-PIERRE BERROYER
	NADINE LEROY
Régisseur	JEAN-LOUIS GODFROY
Photographe	JEAN-PIERRE FIZET
Administrateur de production	HENRY DUTRANNOY
Electriciens	JEAN-CLAUDE GASCHE
	ANDRE SEYBALD
	SERGE VALEZY
Machinistes	CHARLES FRESS
	JACQUES FREJABUE
	GERARD BOUGEANT
Musique	GEORGES DELERUE
Montage	MARTINE BARRAQUE

MARIE-AIMÉE DEBRIL
JEAN-FRANÇOIS GIRE
Directeur de production JEAN-JOSÉ RICHER
Assisté de ROLAND THENOT

Une production Les Films du Carrosse
SEDIF S.A. – T.F.1 – Société Française de
Production

Les extraits de *La Disparue* (drame de Karen
Bergen) ont été traduits du norvégien par Aïna
Bellis.

Chansons :

BEI MIR BIST DU SCHON
Musique de Sholom Secunda. Paroles de Cahn-
Chaplin, Jacob Jacobs, Jacques Larue (Éditions
Chappell).

PRIÈRE À ZUMBA
de A. Lara, J. Larue (Éditions F. Day – Disque
Pathé-Marconi).

MON AMANT DE SAINT-JEAN
de E. Carrara, L. Agel (Éditions Meridian –
Disque Pathé-Marconi. EMI C 178 15404/5
chanté par Lucienne Delyle).

SOMBREROS ET MANTILLES
de J. Vaissade-Chanty (Éditions Meridian –
Disque Pathé-Marconi. EMI C 178 15416/17
chanté par Rina Ketty).

CANTIQUE : PITIÉ MON DIEU
de A. Kunc.

DURÉE : 2 H 10 mn